1948-1988

STERN-Bilder

40 Jahre Zeitgeschehen – 40 Jahre Fotojournalismus

Herausgegeben von Thomas Höpker und Robert Lebeck

Herausgeber: Heiner Bremer, Michael Jürgs, Klaus Liedtke
Programmleitung: Dr. Manfred Leier
Gestaltung: Dietmar Meyer, Rainer Sennewald
Lektorat: Klaus Humann
Bildredaktion: Fritz Remus, Conny Bartsch
Verlagsleitung: Peter Schlickenrieder
Produktion: Bernd Bartmann, Druckzentrale G + J
Druck: Mohndruck, Gütersloh

1. Auflage 1988
ISBN 3-570-03716-9

Inhalt

Vorwort

Vierzig Jahre Zeitgeschichte — das sind nicht nur vier Jahrzehnte in eindringlichen Reportagen mitempfunden, in tiefgründigen Essays analysiert oder in kontroversen Gesprächen interpretiert; das sind vor allem vierzig bewegte Jahre in Fotos festgehalten und dokumentiert. Wer immer in diesen Wochen an die Ereignisse der letzten vierzig Jahre zurückdenkt, in seiner Erinnerung haften geblieben sind kaum Leitartikel und Erlebnisberichte; vor seinen Augen stehen vielmehr Bilder, die niemand vergessen kann: Soldaten im Korea-Krieg, amerikanische GIs in der Dschungelhölle von Vietnam, die Mädchen im Mini-Rock und im Tanga, Elvis Presley, die Beatles und Madonna, Chirurg Christiaan Barnard mit seinem ersten Patienten, dem er ein Herz transplantierte; die ersten Astronauten auf dem Mond, Willy Brandts Kniefall in Warschau, die rebellischen Studenten und die Terroristen der Rote Armee Fraktion oder die Hausbesetzer in Berlin-Kreuzberg oder in der Hamburger Hafenstraße.

Diese Aufzählung eindrucksvoller Fotos, die in ihrer Präzision und Klarheit mehr sagen als viele Worte, ist gewiß willkürlich und nicht umfassend. Aber sie reicht aus, um die wichtige Rolle, die die Fotografie bei der Geschichtsschreibung spielt, zu dokumentieren. In den Archiven bedeutender Agenturen und renommierter Zeitschriften liegen Millionen von Bildern, die Fotoreporter an den Brennpunkten und Krisenherden der Welt, aber auch in unserer unmittelbaren, oft stillen und unscheinbar wirkenden Nachbarschaft gemacht haben.

Fotos sind unbestechliche Zeitzeugen; sie halten fest, was sich wirklich abgespielt hat — die schönen Seiten im Leben wie die brutalen, grausamen, bedrückenden. Fotos lügen nicht, es sei denn, sie sind nicht live geschossen, sondern gestellt, im Atelier aufwendig inszeniert. Aber die Studiofotografie, so wichtig sie auch ist, hat stets nur eine Nebenrolle gespielt. Der echte Fotoreporter zog aus, um die Welt im Bild festzuhalten, wie sie ist. Kein schreibender Reporter kann seine Erlebnisse so präzise, so unmißverständlich festhalten wie ein Foto die Realität dokumentiert. Gerade deshalb haben es Fotoreporter häufig besonders schwer in ihrem Beruf. Sie müssen bisweilen mit dem Zensor kämpfen, der ihre Aufnahmen konfiszieren möchte, um die Wahrheit zu unterdrücken. Und sie müssen oft genug gegen die Regenten kämpfen, die ihre Bilder für die Eigenpropaganda mißbrauchen wollen.

Sie werden vor den Kadi zitiert, weil die Lichtbilder angeblich die Intimsphäre prominenter Zeitgenossen verletzen. Und sie müssen sich mit den Redaktionen herumschlagen, die Greuelbilder nicht drucken wollen, weil der Leser nicht abgeschreckt werden darf. Doch trotz aller Widerstände hat sich die Dokumentarfotografie, die im Bild immer eine zeitgeschichtliche Urkunde sah, durchgesetzt. Zeiten des Aufbruchs oder des gesellschaftlichen Umbruchs, Kriege, Revolten und Revolutionen waren zugleich die großen Zeiten der Fotoreporter. Durften die Bürger Europas zum Beispiel noch während des Ersten Weltkrieges keine Bilder vom grauenvollen Sterben an den Fronten sehen, weil die Zensoren der kriegführenden Nationen jedes journalistische Engagement erstickten; wagten die Alliierten auch im Zweiten Weltkrieg noch nicht, die Leiden des Krieges in schonungsloser Deutlichkeit zu zeigen, so wich diese Zurückhaltung im Korea- und im Vietnam-Krieg endlich der gebotenen Offenheit.
Zum erstenmal wurden jetzt die Bilder ganz bewußt gegen den Krieg geschossen. Im Gegensatz zum Ersten Weltkrieg, wo allenfalls die heldenhaften Sieger gezeigt wurden; im Gegensatz zum Zweiten, wo die Soldaten auf den Kriegsbildern abgelichtet wurden, als marschierten sie in einen sportlichen Wettkampf, wollten die Fotoreporter mit ihren Bildern, vor allem vom Vietnam-Krieg, aufrütteln und schockieren.
Und das ist und muß das Ziel jeder ehrlichen und geradlinigen Dokumentarfotografie sein: Anklage, wo sich Mißstände, Skandale und Fehlentwicklungen im Bild ausdrücken lassen, und Aufklärung, wo das Foto wachrütteln kann. Aber auch die einfachen Wahrheiten, die intelligenten Spiegelungen des Alltags, die Fotoberichte von anderen Menschen, von den Nachbarn, sind interessant. Die Neugier des Lesers auf die Wirklichkeit wird in dem Maße wieder wachsen, in dem er sich isoliert, allein gelassen fühlt durch Berufsstress, Home Computer und Fernsehberieselung.
Und das werden wieder Bilder sein, die die Welt bewegen, denn nichts ist so spannend, so informativ wie die Realität, in der wir leben — auch in den nächsten vierzig Jahren. Das Foto jedenfalls wird seinen Wert als Zeitdokument nicht verlieren.

HEINER BREMER

Der Kyffhäuser ist leer

Über die deutsche Politik nach 1945

Vierzig Jahre sind im Leben eines Volkes nicht viel mehr als eine Träne im Ozean. Und doch hat für Deutschland, zumal von jenem Zeitpunkt an vor vierzig Jahren, eine andere, neue Zeit begonnen, deren Zukunft ungewiß ist und deren Vergangenheit sich wie ein Riegel in den Ablauf deutscher Geschichte geschoben hat.

Der Begriff Deutschland erscheint dabei zunehmend verschwommen, fließend, ja aufgehoben. Nie wieder wird er auferstehen, wie ihn die Geschichte bis dahin kannte. Allenfalls bleibt er Vergangenheit, die nicht vergehen wird.

Aus den Aschen und Trümmern, die Deutschland bereitete, weil es in Vermessenheit und Überhebung sich über andere Nationen stellte und in einem mörderischen Krieg fast ganz Europa mit Tod, Verwüstung und Ausrottung überzog, hat es sich nicht selbst befreit, sondern es wurde erlöst durch eine vernichtende Niederlage, die es seiner Staatlichkeit beraubte.

Eröffnung des Bundestages/1949

Volkspolizei in der DDR/1950

Die ersten Bundeswehrsoldaten/1955

Nicht Schuld und Sühne waren der Preis, sondern die Preisgabe seines Anspruchs, die große Mittelmacht des europäischen Kontinents zu sein, eine Weltmacht gar, die ihren Platz an der Sonne verdiente. Dies ist kein besonderes Schicksal in der Geschichte der Völker. Anders als die Karthager hatten die Deutschen nur das Glück, daß sie überleben durften.

Die Zerschlagung des Reiches hatte die absehbaren Folgen. Die siegreichen Nationen stritten kaum um die Beute, die nur noch ein materielles und geistiges Trümmerfeld war. Sie zerstritten sich über die nicht lösbare Frage, wie nach diesem gewaltigen Krieg ein Frieden herstellbar sei, der die Ideale der Freiheit, der Selbstbestimmung, der Bewältigung von Elend gewährleisten kann.

Der Machtkampf war auch ein Kampf um Seelen und Köpfe: Ob der Weg eines parteilich und staatlich verordneten Sozialismus unter Preisgabe der Rechte des einzelnen die Zukunft des Kontinents sein sollte oder die parlamentarische Demokratie, mit einer Wahl der Regierenden und der Aufrechterhaltung oder Schaffung eines Rechts, das dem Menschen gestattet, seine persönlichen und seine öffentlichen Angelegenheiten frei zu regeln.

Das Ergebnis jedenfalls waren die endgültig scheinende Teilung Europas, die Zuweisung der Nationen zu jeweils unüberwindlichen Machtblöcken, die Spaltung Deutschlands in seinem noch im Mittelalter geprägten Umfang in beide Lager.

Diese Teilung war ein Willensakt beider Seiten, in allen Krisen-

„Spiegel"-Affäre/1962

Tod Benno Ohnesorgs/1967

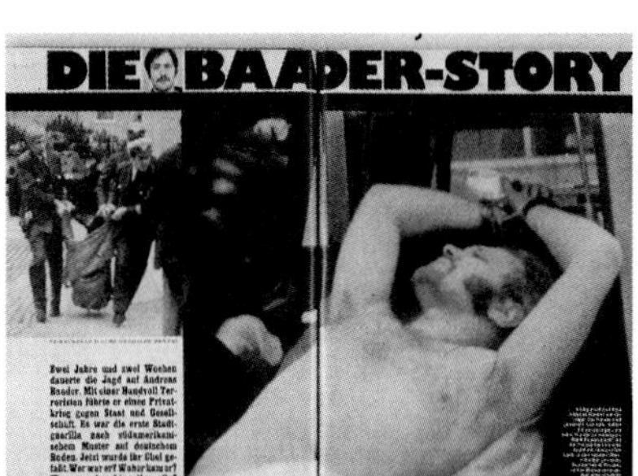

Andreas Baader/1972

lagen bestätigt und nie daran gedacht, ihn aufzuheben. Für ihn steht das nicht einmal zynisch gemeinte Bekenntnis des französischen Historikers François Mauriac: Er liebe Deutschland so sehr, daß es nicht genug davon geben könne.

Aus diesem Willen ergab sich die Ordnung der Teilung. Nach dem Verlangen und unter dem Schutz der Besatzungsmächte schufen sich die Deutschen (West) ein Grundgesetz, zu dessen Gestaltung die wenigen zusammengerufen wurden, die das Dritte Reich einigermaßen unbefleckt überstanden hatten. Die Deutschen (Ost) erhielten eine Verfassung oktroyiert, in der die Rechte, die sich die Deutschen (West) zu geben hatten, formal ebenfalls gestattet wurden. Schon zu bald sahen sie sich unter Aufhebung der alten Provinzialgrenzen in eine rigide staatliche Abhängigkeit gezwungen, der jeder Lebensbereich unterworfen wurde.

Die Bundesrepublik hat sich in genau dem Rahmen entwickelt, der ihr vorgegeben war. Mit hausväterlicher Strenge hat ihr erster Kanzler Konrad Adenauer die Begriffe geprägt, die sie bis heute zusammenhalten: Familie, Ordnung, Fleiß und Pflicht. Ein Ancien régime. Gewiß waren in seinem Weltbild auch Freiheit, Selbstbestimmung und Demokratie enthalten, die schon vor einer Irredenta oder der Anarchie bewahren sollten.

Aber er hat dieser Republik kein Vokabular hinterlassen, das ein konformer Ausdruck der gesellschaftlichen und politischen Verfassung jedes einzelnen wäre. Sein autoritäres Legat war kaum mehr als die Nutzung von Leerformeln, mit denen die Verkarstung des politischen Raumes befördert wurde. Die von Adenauer gewollte Formaldemokratie ist in einer Restauration und politischer Substanzlosigkeit aufgelaufen, in denen die Parteien schließlich nahezu austauschbar wurden.

Die Bundesrepublik wurde in einer Weise souverän, daß ihr Kompetenzen immer erst dann verliehen wurden, wenn sie zugleich auf internationale Funktionsträger, seien es die Nato oder die Europäische Gemeinschaft, übertragen werden konnten. Spezifisch deutsche Interessen mit Mitteln deutscher Politik zu verfechten, gilt als Rückfall in einen kruden Nationalismus, den zu überwinden die Republik für ihre innere Pflicht hielt. Das Nationale wich anderen Optionen, entgegen der hohlen Präambel des Grundgesetzes, die ihr die Vollendung der Einheit auferlegt. Diese Bürde hat der deutsche Nachbar jenseits von Elbe und Werra nicht, der um eine eigene geschichtliche Identität ringt, wenn auch ohne Hingabe.

Stammheim-Prozeß/1975

Neue Heimat-Skandal/1986

Autonomen-Krawalle/1987

Nach ihrem politischen Gewicht könnte die Bundesrepublik eine mitteleuropäische Politik formulieren, die zugleich allgemeinen Zwecken diente. Nach ihrer gewollten und gewachsenen Einbindung kann sie es nicht.

Natürlich gab es wesentliche Änderungen im Lebensgefühl der Westdeutschen in diesen vierzig Jahren. Absagen an Unwiederbringliches, Freiheiten ungeahnten Ausmaßes, eine Steigerung des Selbstwerts fast jedes einzelnen, den Mut zum Rütteln an den strengen Fassaden des Systems. Auch Befreiung von vielen Fesseln. All dies begünstigt durch Wachablösungen in Bonn und durch das Heranwachsen neuer Generationen, die mit Gesetzen allein, wie ihre Vorväter, nicht mehr zu reglementieren sind. Auch hier in Ähnlichkeit mit dem deutschen Nachbarstaat, der seine Nischengesellschaft zu überwinden beginnt.

So langweilig und abstoßend die gesicherten Institutionen auch erscheinen, gewähren sie doch die Realität einer insgesamt staatsbürgerlichen Gesellschaft, der freilich zu wünschen wäre, daß sie reicher sei an Konflikten, Spannungen und Widerspruch.

Nach den vielen erheblichen Mentalitätsveränderungen, die zu einem beachtlichen Teil von der prosperierenden Industriegesellschaft selbst ausgelöst worden sind, ist eine simple Rückkehr nicht möglich zu den alten Werten und Tugenden, die die Restauration der Adenauer-Ära in ihrer ideenfeindlichen Rücksichtslosigkeit kennzeichneten. Auch keine Rückkehr zu den geistigen und politischen Fronten des kalten Krieges, die den von Schuld und Sühne unberührten Deutschen die Illusion suggerierten, sie könnten nachträglich insgeheim zu den Siegern des Zweiten Weltkriegs gehören. So wie Frankreich sich 1815 zu den Siegern über den Usurpator Napoleon rechnete.

Gerade aus diesem Frankreich kommt die Furcht, daß alles ganz anders sein könnte, daß die Lust der Selbstzerstörung ein apokalyptischer Sog sei, daß die Deutschen wieder deutsch würden im Wiedererstehen einer intellektuellen und kulturellen Identität des Unergründlichen. Mehr noch: Daß die Traditionen wieder aufleben und sich Deutschland seiner ewigen moralischen und mythischen Suche erschließe.

Doch der Kyffhäuser ist leer. Kein verwunschener Kaiser steigt aus modrigem Verließ. Das Raunen des Waldes ist verstummt. Da ächzen nur tote Äste, die kein Grün mehr tragen können.

DIETER GÜTT

7./8. Mai 1945: Die deutsche Wehrmacht kapituliert vor den Alliierten

12

1.–4. Juli 1945: Die Alliierten besetzen ihre Zonen in Deutschland und Berlin

20. November 1945: In Nürnberg beginnt der Prozeß gegen die 20 Hauptkriegsverbrecher

21./22. April 1946: Unter sowjetischem Druck vereinigen sich KPD und SPD in Ost-Berlin zur SED

1. Oktober 1946: Im Nürnberger Prozeß werden die Urteile gefällt

5.–7. Juni 1947: In München kommt es zum letzten Treffen aller deutschen Ministerpräsidenten

25. Juni 1947: Ernst Reuter (SPD) wird zum Oberbürgermeister von Berlin gewählt

Februar 1948: Straßensperren zwischen der sowjetischen Zone und den westlichen Zonen

Deutschland nach dem Kriege – ein Trümmerfeld. In der zerbombten Innenstadt von Köln stehen der Dom und ein notdürftig instandgesetztes Hotel inmitten von Ruinen. Schwer beschädigt ist auch das Reichstagsgebäude in Berlin, vor dem Trümmerfrauen verwertbare Steine für den Wohnungsbau sammeln

KARL HUGO SCHMÖLZ (l.)
Fotograf unbekannt

April 1948: Die Militärgouverneure der Westzonen einigen sich auf den Marshall-Plan

Juli 1948: In der sowjetischen Besatzungszone beginnt die Aufstellung der „Kasernierten Volkspolizei"

1. September 1948: In Bonn konstituiert sich der „Parlamentarische Rat", um das Grundgesetz auszuarbeiten

November 1948: Spaltung Berlins durch Einsetzung einer eigenen Ostberliner Verwaltung

8. Mai 1949: Der Parlamentarische Rat verabschiedet das Grundgesetz, das am 24. 5. in Kraft tritt

12. Mai 1949: Bonn wird Hauptstadt der Bundesrepublik Deutschland

14. August 1949: Die Wahlen zum 1. Deutschen Bundestag finden statt

15. September 1949: Konrad Adenauer (CDU) wird zum Bundeskanzler gewählt

21. Juni 1948. Währungsreform in den drei westlichen Besatzungszonen Deutschlands. Die Reichsmark wird durch die Deutsche Mark ersetzt. Jeder Westdeutsche erhält im Umtausch gegen die alte Währung 40 DM „Kopfgeld". Das Ende der Währungseinheit zwischen Westzonen und sowjetisch besetzter Ostzone bedeutet den ersten Schritt zur Teilung Deutschlands

AP

München 1949. Der zum ersten Bundespräsidenten gewählte Freidemokrat Theodor Heuss besucht in der bayerischen Hauptstadt eine Ausstellung von Produkten aus Flüchtlingsbetrieben und probiert an Ort und Stelle ein Debreziner Würstchen

ERNST GROSSAR

Moskau 1948. Deutsche Kriegsgefangene an einem arbeitsfreien Tag im Baulager Nr. 7860. An der Wand einer Baracke hat die Lagerleitung Karikaturen von Winston Churchill, Harry S. Truman und US-Außenminister George Catlett Marshall angebracht. Die Gefangenen sollen sie mit verfaulten Kartoffeln bewerfen

Fotograf unbekannt

Berlin 1948. Flugzeuge der Westalliierten versorgen über eine „Luftbrücke" die Bevölkerung im amerikanischen, britischen und französischen Sektor der Stadt. 13 Monate lang bleiben alle übrigen Verkehrswege nach West-Berlin durch die Sowjets blockiert. Der „kalte Krieg" hat begonnen

WALTER SANDERS

März 1953: 48 000 DDR-Bürger fliehen in diesem Monat nach West-Berlin

1. April 1953: Nach dem Grundgesetz tritt die Gleichberechtigung der Frau in Kraft

6. September 1953: Bei der 2. Bundestagswahl erringt die CDU/CSU 244 von 487 Mandaten

September 1953: Seit Kriegsende sind 2,2 Millionen Wohnungen gebaut worden

17. Juni 1953. Ostberliner Bauarbeiter protestieren gegen die Erhöhung der Arbeitsnormen und lösen mit einem Protestmarsch durch die Stadt einen Volksaufstand aus, der schnell auf andere Städte in der DDR übergreift. Vor dem Brandenburger Tor schwenken Demonstranten schwarzrotgoldene Fahnen und fordern freie Wahlen. Sowjetische Panzer, die der SED-Regierung zu Hilfe kommen, werden mit Steinen beworfen

PETER LEIBING
VFWD (l.)

Moskau 1955. Bundeskanzler Konrad Adenauer ist zu Verhandlungen mit der Sowjetführung in die UdSSR gereist. Links von ihm Regierungschef Nikolai Bulganin, der auf einen Pressefotografen aufmerksam macht. Rechts Parteichef Nikita Chruschtschow. Ganz links im Bild Außenminister Wjatscheslaw Molotow neben dem dunkelhaarigen Georgi Malenkow, Bulganins Amtsvorgänger

ERNST GROSSAR

Die Moskauer Verhandlungen enden mit einem Erfolg. Adenauer erreicht die Freilassung der letzten deutschen Kriegsgefangenen aus sowjetischen Lagern. Als Gegenleistung nimmt Bonn diplomatische Beziehungen zu Moskau auf. Beim Verlassen des Konferenzsaales gerät neben Chruschtschow, Adenauer und Bulganin der Berichterstatter des STERN in die erste Reihe – Chefredakteur Henri Nannen. In der dritten Reihe ragt der spätere Bundeskanzler Kurt Georg Kiesinger aus der Menge hervor und weiter hinten rechts der SPD-Politiker Carlo Schmid

ERNST GROSSAR

Wiedersehen 1955: Im Lager Friedland schließt ein Rußland-Heimkehrer seine Angehörigen in die Arme. Zehn Jahre und länger haben viele deutsche Kriegsgefangene auf ein Wiedersehen warten müssen

HELMUT PIERATH

Wien 1953. Österreichische Heimkehrer treffen mit einem Sonderzug aus russischer Gefangenschaft ein. Auf dem Bahnhof halten ihnen Frauen Fotos vermißter Angehöriger hin. Sie erhoffen sich Auskünfte über Söhne und Ehemänner, die vielleicht noch in einem Kriegsgefangenenlager leben, vielleicht aber auch längst tot sind

HARRY WEBER

Bonn 1956. Bundeskanzler Konrad Adenauer gibt im Bonner Palais Schaumburg einen Empfang für den 82jährigen Winston Churchill. Der britische Premierminister a. D. ist zuvor im Reichssaal von Aachen, wo einst Karl der Große gekrönt wurde, mit dem Karlspreis ausgezeichnet worden

ROBERT LEBECK

Bonn 1963. Der CDU-Politiker Ludwig Erhard ist als Nachfolger von Konrad Adenauer zweiter deutscher Bundeskanzler geworden. Zuvor gehörte er dem Kabinett 14 Jahre lang als Wirtschaftsminister an. Der schnelle wirtschaftliche Aufschwung nach dem Kriege brachte dem bulligen Zigarrenraucher den Beinamen „Mr. Wirtschaftswunder" ein

STEFAN MOSES

14. Oktober 1961: Elisabeth Schwarzhaupt (CDU) wird erste bundesdeutsche Ministerin

7. November 1961: Adenauer wird erneut zum Bundeskanzler gewählt

24. Januar 1962: In der DDR wird die allgemeine Wehrpflicht eingeführt

5. Mai 1962: Zwölf DDR-Bürger graben einen 31 Meter langen Tunnel in die Freiheit

22. Juni 1962: „Schwabinger Krawalle" wegen harter Polizeieinsätze gegen twistende Menschen

26. Oktober 1962: In Hamburg wird die Redaktion des „Spiegel" von der Polizei durchsucht

19. November 1962: Wegen der „Spiegel-Affäre" verläßt die FDP die Bonner Koalition

18. Dezember 1962: Bonn verhängt ein Stahlröhren-Embargo gegen die Sowjetunion

13. August 1961. Die Volksarmee rückt in Ost-Berlin ein und beginnt mit der Abriegelung der Grenze zu den Westsektoren. Beim Ausbau der Sperranlagen flüchtet der 19jährige Volkspolizist Conrad Schumann zwei Tage später mit einem Sprung in den Westen. An anderer Stelle halten DDR-Soldaten mit aufgepflanzten Bajonetten Westberliner in Schach, während ihre Kollegen Stacheldrahtzäune ziehen. Familien und Freunde sind durch den Stacheldraht, der später durch die Mauer ersetzt wird, plötzlich voneinander getrennt

PETER LEIBING (l.)
Fotograf unbekannt (o.)
ULLSTEIN

22. Januar 1963: In Paris wird der Vertrag über deutsch-französische Zusammenarbeit unterzeichnet

11. Juni 1963: Der 17. Juni wird von Bundespräsident Lübke zum nationalen Gedenktag erklärt

11. Oktober 1963: Bundeskanzler Adenauer tritt zurück. Sein Nachfolger wird Ludwig Erhard

1. Juni 1964: Bundesdeutsche Straßen werden mit den ersten Zebrastreifen „ausgerüstet"

26. Juni 1963. Der amerikanische Präsident John F. Kennedy und Bundeskanzler Konrad Adenauer besuchen die Westsektoren Berlins und lassen sich vom Regierenden Bürgermeister Willy Brandt die Situation an der Mauer erklären. Auf einer Großkundgebung begeistert Kennedy die Menge mit dem deutsch gesprochenen Satz: „Ich bin ein Berliner"

EBERHARD SEELIGER

Der amerikanische General Lucius D. Clay verschafft sich mit Hilfe eines Klimmzuges einen Blick über die Mauer. Clay war von 1948 bis 1949 Militärgouverneur der amerikanischen Besatzungszone und organisierte während der Berlin-Blockade die Luftbrücke zur Versorgung der Stadt. Nach dem Mauerbau wurde er persönlicher Berlin-Beauftragter Präsident Kennedys

DPA

7. März 1967: Erste große Bauerndemonstration gegen die Bonner Agrarpolitik

10. März 1967: Das Kabinett beschließt eine Notstandsverfassung für die Bundesrepublik

14. März 1967: Helmut Schmidt wird zum Vorsitzenden der SPD-Fraktion im Bundestag gewählt

11. Mai 1967: Ost-Berlin bietet Bonn Verhandlungen über eine Normalisierung der Beziehungen an

Am 19. April 1967 stirbt im Alter von 91 Jahren Konrad Adenauer, der erste Kanzler der Bundesrepublik. Von 1949 bis zu seinem Rücktritt 1963 war der CDU-Politiker Regierungschef in Bonn

YOUSUF KARSH

Bonn 1967. Bei einem Empfang anläßlich der Trauerfeierlichkeiten zum Tod Adenauers zwingt Bundespräsident Heinrich Lübke mit sanftem Nachdruck den französischen Staatspräsidenten Charles de Gaulle und den amerikanischen Präsidenten Lyndon B. Johnson zum versöhnlichen Handschlag. Das Verhältnis beider Staatsmänner war zuvor durch verteidigungspolitische Alleingänge de Gaulles getrübt worden

DIETER HEGGEMANN

2. April 1968: Andreas Baader und Gudrun Ensslin werden wegen Brandstiftung in Frankfurt festgenommen

30. Mai 1968: Der Bundestag verabschiedet eine Notstandsverfassung für die Bundesrepublik

11. Juni 1968: Die DDR führt für Reisen zwischen Bundesrepublik und West-Berlin Visumzwang ein

3. Juli 1968: Die Westmächte protestieren gegen die neuen Berlin-Behinderungen

Berlin, Februar 1968. Der Studentenführer Rudi Dutschke feuert die Teilnehmer des Vietnam-Kongresses an, der sich gegen den Krieg der Amerikaner wendet. Aus der Studentenbewegung entsteht die außerparlamentarische Opposition, die APO

EBERHARD SEELIGER

24. Juli 1968: Im Parteiengesetz wird erstmals die Rolle der Parteien verfassungsrechtlich verankert

26. September 1968: Gründung der DKP als legale kommunistische Partei

20. Januar 1969: Mit Ellinor von Puttkamer wird die erste Botschafterin der Bundesrepublik ernannt

5. März 1969: Gustav Heinemann (SPD) wird zum dritten Bundespräsidenten gewählt

Zur Prominenz der APO-Zeit zählen auch der langhaarige Bürgerschreck Rainer Langhans und seine Freundin Uschi Obermaier, ein Fotomodell. Gemeinsam mit seinem politischen Zwillingsbruder Fritz Teufel organisiert Langhans witzige Aktionen gegen die „Mummelgreise" der deutschen Justiz und knüppelnde Polizisten

WERNER BOKELBERG

Berlin 1967. Mitglieder der legendären Wohnkommune K1 stellen sich für den Fotografen in Positur, um so gegen die Festnahme ihres Freundes Fritz Teufel zu demonstrieren. Die Ziele der Kommunarden: ein anderer Staat soll es sein, ohne Repression, mit einer neuen Sexualmoral und einer antiautoritären Kindererziehung

THOMAS HESTERBERG

19. Mai 1969: Helmut Kohl (CDU) wird Ministerpräsident von Rheinland-Pfalz

28. September 1969: Bei den 6. Bundestagswahlen kommt die SPD auf über 40 Prozent

3. Oktober 1969: SPD und FDP beschließen, in Bonn eine Koalitionsregierung zu bilden

13. Oktober 1969: Der 100. Starfighter der Bundeswehr stürzt bei Memmingen ab

Essen 1968. Nach dem Berliner Attentat auf Rudi Dutschke vom 11. April bilden Studenten nachts vor einem Gebäude des konservativen Axel-Springer-Verlages eine lebende Mauer, um die Auslieferung von „Bild" und „Welt" zu verhindern. Wie auch in anderen Städten geht die Polizei mit Wasserwerfern gegen die Demonstranten vor

HERBERT PETERHOFEN

21. Oktober 1969: Willy Brandt (SPD) wird im Bundestag zum Kanzler gewählt

28. November 1969: Die Bundesrepublik unterzeichnet den Atomwaffensperrvertrag

14. Januar 1970: Brandt kündigt im Bundestag Verhandlungen mit der DDR an

Februar 1970: Erste Gespräche mit Warschau über eine Normalisierung der Beziehungen

Politiker 1964. Lokker wie nie zuvor lassen sich in Bonn und Berlin deutsche Politiker für den STERN fotografieren – beim Hantieren mit einer (vom Fotografen Stefan Moses mitgebrachten) Hantel: Bundesaußenminister Gerhard Schröder (CDU), Bundesschatzminister Werner Dollinger (CSU), Berlins Regierender Bürgermeister Willy Brandt (SPD) und Franz Josef Strauß, Vorsitzender der CSU-Landesgruppe im Bundestag

STEFAN MOSES

27. Juli 1970: Bonn und Moskau beginnen Verhandlungen über einen Gewaltverzichtsvertrag

12. August 1970: Der Moskauer Vertrag zwischen der UdSSR und der Bundesrepublik wird unterzeichnet

31. Januar 1971: Wiederaufnahme des öffentlichen Telefon-Verkehrs zwischen Ost- und West-Berlin

3. Mai 1971: Erich Honecker wird Walter Ulbrichts Nachfolger als SED-Chef

Washington 1967: Bundeskanzler Kurt Georg Kiesinger besucht seine Enkeltochter Fröschle, die mit ihren Eltern in der amerikanischen Hauptstadt wohnt. Einen Tag nach dem Familientreffen macht der CDU-Politiker seinen Antrittsbesuch bei US-Präsident Lyndon B. Johnson

ROBERT LEBECK

Bonn 1972. Mildred Scheel und Rut Brandt erfahren am Abend der Bundestagswahl von dem Sieg der sozialliberalen Koalition mit Willy Brandt als Kanzler und Walter Scheel als Außenminister

ROBERT LEBECK

Brühl 1978. Staatsbankett auf Schloß Augustusburg für die britische Königin Elizabeth II. und ihren Ehemann Prinz Philip. Bundespräsident Walter Scheel und Ehefrau Mildred fühlen sich in der Rolle der Gastgeber sichtlich wohl

JÜRGEN GEBHARDT

29. Juli 1972: Bonn und Peking verabreden Botschafteraustausch

22. September 1972: Bundespräsident Heinemann löst den 6. Bundestag vorzeitig auf

8. November 1972: Der Grundlagenvertrag zwischen Bonn und Ost-Berlin wird unterzeichnet

19. November 1972: Bei den Bundestagswahlen erringt die SPD/FDP-Koalition einen deutlichen Sieg

Auschwitz 1970. Auf dem KZ-Bahnhof nahe der polnischen Stadt Auschwitz nahm einst SS die Massentransporte Deportierter in Empfang und suchte unter ihnen die Arbeitsfähigen heraus. Zwischen 2,5 und 4 Millionen Menschen, vor allem Juden, kamen in dem Vernichtungslager ums Leben. Ein Teil der Anlagen ist heute Museum
HARALD NADOLNY

7. Dezember 1970. Bundeskanzler Willy Brandt kniet vor dem Warschauer Ehrenmal für die ermordeten Juden, um „Abbitte für das millionenfache Verbrechen" zu leisten, das Deutsche in Polen begingen. Die eindrucksvolle Geste führt zur Versöhnung mit Polen und leitet die Entspannungspolitik der sozialliberalen Koalition ein

CAF/EUPRA

Güstrow 1981. Bundeskanzler Helmut Schmidt bekommt vom DDR-Staatsratsvorsitzenden Erich Honecker ein Abschiedsbonbon gereicht. Die beiden Staatsmänner hatten sich in der mecklenburgischen Stadt zu einem deutsch-deutschen Meinungsaustausch getroffen. Die Begegnung war überschattet von der Machtergreifung des polnischen Militärs in Warschau

HARALD SCHMITT

Volkspolizisten stehen in Güstrow dicht an dicht Spalier, um zu verhindern, daß Kanzler Helmut Schmidt von der Bevölkerung allzu herzlich begrüßt wird

JÜRGEN GEBHARDT

September 1981.
In einem selbstgebauten Heißluftballon fliehen nachts zwei Ehepaare mit ihren vier Kindern über die deutsch-deutsche Grenze von Thüringen nach Bayern. Für ein STERN-Foto lassen die Eheleute Strelzyk und Wetzel nach dem nächtlichen Himmelfahrtskommando ihren aus bunten Flicken zusammengesetzten Ballon noch einmal zu Kirchturmgröße aufblasen

TOM JACOBI

Bundesrepublik 1977. Terroristen haben Hanns Martin Schleyer in ihre Gewalt gebracht, den Präsidenten der deutschen Arbeitgeberverbände und des Bundesverbandes der deutschen Industrie. Als es den Entführern nicht gelingt, inhaftierte Gesinnungsgenossen freizupressen, ermorden sie ihre 62 Jahre alte Geisel

Fotograf unbekannt

Hamburg 1971. Im Gerichtsmedizinischen Institut steht Adolf Schelm erschüttert vor der Bahre seiner 20 Jahre alten Tochter Petra Schelm. Die Berliner Friseuse war erschossen worden, als sie am Steuer eines Autos eine Polizeisperre durchbrach. Sie gehörte der Terroristengruppe um Andreas Baader und Ulrike Meinhof an

EBERHARD SEELIGER

In einem Hamburger Altersheim. Ein Wehrdienstverweigerer schneidet einem Heimbewohner die Fußnägel. Viele junge Bundesbürger halten es für sinnvoller, soziale Hilfsdienste zu leisten, als Soldat zu werden

PETER THOMANN

Bonn 1968. Während einer Militärparade der Bundeswehr gelingt dem Fotografen ein Gruppenbild mit Zivilisten
THOMAS HÖPKER

NATO-Manöver 1982. Der bayerische Ministerpräsident und CSU-Vorsitzende Franz Josef Strauß in der Pose eines Panzerfahrers. Strauß leitete von 1956 bis 1962 als Bonner Verteidigungsminister den Aufbau der Bundeswehr
ARNE HETTRICH

Brokdorf 1981. Atomkraftgegner demonstrieren an der Unterelbe gegen den Bau eines neuen Kernkraftwerks. Es kommt zu schweren Zusammenstößen mit der Polizei. Als ein Polizist bei der Verfolgung eines Demonstranten in einen Wassergraben rutscht, wird mit Knüppel und Spaten auf ihn eingeprügelt. Wegen des Widerstandes aus der Bevölkerung werden neue Atomanlagen wie der schnelle Brüter bei Kalkar am Niederrhein zu modernen Festungen ausgebaut

TOBIAS HELDT
ROBERT LEBECK (r.)

18. September 1983: Rund 5 Millionen Bundesbürger haben den „Krefelder Appell" unterschrieben

10. November 1983: Der Bundestag beschließt das Rückkehrhilfegesetz für Gastarbeiter

29. November 1983: In der Flick-Spendenaffäre erhebt die Bonner Staatsanwaltschaft Anklage

31. Dezember 1983: Sechs in Berlin in Abschiebehaft sitzende Ausländer verbrennen in ihren Zellen

26. März 1984: Der rehabilitierte General Kießling wird mit Großem Zapfenstreich verabschiedet

16. Mai 1984: Nach heftiger Kritik zieht die Bonner Koalition ihren Amnestieentwurf für Steuerhinterziehungen zurück

23. Mai 1984: Richard von Weizsäcker (CDU) wird zum sechsten Bundespräsidenten gewählt

26. Juni 1984: SPD und Grüne in Hessen einigen sich auf eine parlamentarische Zusammenarbeit

Bundesrepublik 1983. 1,5 Millionen Menschen beteiligen sich im Herbst während einer „Aktionswoche" der Friedensbewegung an Demonstrationen gegen die NATO-Nachrüstung. Am 22. Oktober bilden 220 000 Demonstranten zwischen Stuttgart und Neu-Ulm eine 108 Kilometer lange Menschenkette. Auch zwei Diakonissen beteiligen sich. Fast jeden Tag lassen sich Rüstungsgegner neue Formen des Protestes einfallen. Um gegen eine Messe für Militär-Elektronik zu demonstrieren, ziehen in Hannover Studenten nackt durch die Innenstadt

MANFRED GROHE (l.)
BEATE KNAPPE (o.)
WERNER SCHILLING

4. Februar 1985: Die DWK beschließt, in Wakkersdorf zu bauen

5. Mai 1985: Umstrittener Besuch von US-Präsident Ronald Reagan auf dem Soldatenfriedhof Bitburg

8. Mai 1985: Bundespräsident Weizsäcker spricht im Bundestag zum 40. Jahrestag des Kriegsendes

25. Juni 1985: Das Saarland hebt als erstes Bundesland den Radikalenerlaß wieder auf

19. August 1985: Hans-Joachim Tiedge, Leiter der Spionageabwehr, setzt sich in die DDR ab

53

29. August 1985: Vor dem Bonner Landgericht beginnt der Parteispendenprozeß

28. September 1985: Bei Demonstrationen in Frankfurt wird Günter Sare von einem Wasserwerfer überrollt

16. Oktober 1985: SPD und Grüne einigen sich in Hessen auf eine Regierungskoalition

Hamburg 1986. Polizei kesselt 400 Kernkraftgegner ein und hält sie unter menschenunwürdigen Bedingungen bis zu zwölf Stunden fest. Sie wollten gegen massive Polizeieinsätze bei einer Anti-Atomkraft-Demonstration in Brokdorf protestieren

DIRK EISERMANN

Hamburg 1987. In der Hafenstraße droht eine blutige Auseinandersetzung zwischen Hausbesetzern und Polizei. Der sozialdemokratische Bürgermeister Klaus von Dohnanyi erreicht durch einen Pachtvertrag mit den Besetzern in letzter Minute eine friedliche Lösung

SVEN CREUTZMANN

Gießen 1987. Im Notaufnahmelager der hessischen Stadt treffen mit wenig Gepäck Regime-Gegner aus der DDR ein. Weil sie mehr Freiheit forderten, als die SED erlauben will, wurden sie mit fast hundert Gleichgesinnten innerhalb weniger Stunden in den Westen abgeschoben

KLAUS DRINKWITZ

Ost-Berlin 1978. Ein westdeutscher „Golf" mit DDR-Nummernschild. Im Tausch gegen Waren liefert das VW-Werk zum erstenmal 10 000 Wagen in die DDR

HARALD SCHMITT

Bundesrepublik 1988. In Bad Cannstatt bei Stuttgart werden Container als Unterkünfte für Obdachlose aufgestellt. Viele Arbeitslose können ihre Mieten nicht mehr bezahlen. Inmitten allgemeinen Wohlstands fehlt es den Kommunen an Geld für die wachsende Zahl sozial Schwacher

STEFFEN HAUSER

Duisburg 1984. Rund 4500 Türken kehren nach 20 und mehr Jahren enttäuscht aus der Bundesrepublik in ihre alte Heimat zurück, die vielen längst fremd geworden ist. Lange Zeit waren Türken im Ruhrgebiet begehrte Arbeitskräfte. Nach Zechensterben und Stahlkrise will sie nun plötzlich keiner mehr haben

MIHALY MOLDVAY

14. Juli 1986: Nur noch Parteispenden bis zu 10000 Mark sind steuerlich absetzbar

August 1986: 14812 Ausländer stellen in diesem Monat in der Bundesrepublik einen Asylantrag

19. September 1986: Der Berliner Großbäcker Schiesser kauft Neue Heimat-Konzern für eine Mark

10. Oktober 1986: In Bonn wird Gerold von Braunmühl erschossen

31. Dezember 1986: Die ARD sendet aus Versehen Kohls alte Neujahrsansprache

25. Januar 1987: Bei den Wahlen behält die Koalition aus CDU/CSU und FDP die Mehrheit

9. Februar 1987: Bruch der SPD/Grünen-Koalition in Hessen wegen Differenzen in der Nuklearpolitik

23. März 1987: Nach 23jähriger Amtszeit erklärt Brandt seinen Rücktritt vom SPD-Vorsitz

Im geteilten Berlin: Wenn der Krankenpfleger Ulrich Schulz und seine Frau aus dem Fenster ihrer Wohnung in der Heidelberger Straße gucken, sehen sie nur die Mauer, hinter der Ost-Berlin beginnt. Die schönere Aussicht hat das Westberliner Ehepaar an der Wohnzimmerwand – ein Riesenfoto vom österreichischen Dachstein-Massiv

JÜRGEN MÜLLER-SCHNECK

Bonn 1988. Bundespolitiker und ihre Schreibtische von oben gesehen. Verteidigungsminister Manfred Wörner blickt gerade zu einem Foto seiner 1983 gestorbenen Sekretärin Waltraud Weege. Rechts von ihm stehen zwei Fotos seiner Ehefrau Elfie Wörner. Auf dem Schreibtisch der Grünen Petra Kelly sind Bilder der Ostberliner Zionskirche, eines Einhorns, ihrer an Krebs gestorbenen Schwester, Rosa Luxemburgs und des Grünen Gert Bastian zu sehen. Zu dem wohlgeordneten Schreibtisch des SPD-Vorsitzenden Hans-Jochen Vogel gehören neben Familienbildern ein bunt bemalter Löwe von Tochter Bärbel und ein kleines Modellauto. Seine Frau hat es ihm geschenkt – zur Erinnerung daran, daß beide in ruhigeren Zeiten mit einem Wohnmobil durch die Welt ziehen wollen. Arbeitsminister Norbert Blüm hat zu Hause auf seinem Schreibtisch einen Personalcomputer griffbereit und zu Besuch seinen schwarzen Kater Leo

PETER THOMANN

Bonn 1987. Bundeskanzler Helmut Kohl geht auf Distanz zu dem schleswig-holsteinischen Ministerpräsidenten Uwe Barschel. Der CDU-Parteifreund aus dem Norden ist — trotz seines gegenteiligen Ehrenworts — überführt, mit schmutzigen Tricks Wahlkampf gegen die SPD geführt zu haben

DIETER BAUER

November 1987: In Hannover wird ein Untersuchungsausschuß zur Aufklärung der Spielbankaffäre eingesetzt

9. Mai 1988: Nach ihrem Wahlsieg wird die SPD in Schleswig-Holstein erstmals Regierungspartei

Juni 1988: Hamburgs Erster Bürgermeister Klaus v. Dohnanyi tritt vorzeitig zurück

28. August 1988: Bei einem Flugtag in Ramstein verbrennen nach einem Absturz mehr als 60 Menschen

Genf 1987. Uwe Barschel wird tot in der Badewanne seines Zimmers im Hotel Beau-Rivage aufgefunden. Er hat sich allem Anschein nach vergiftet
SEBASTIAN KNAUER

Schöne elektronische Welt

Kultur und was von ihr übrig bleibt

Die Welt ist ein globales Dorf geworden", schrieb der amerikanische Kulturkritiker Marshall McLuhan 1966. Die neuen Massenmedien, der Siegeszug des Fernsehens haben die Lebens- und Denkkulturen fast überall auf der Erde verändert. Das Musikfest der „Blumenkinder" in Woodstock 1969 wurde weltweit vermarktet; „Live Aid", die Benefiz-Nacht der teuersten Sänger und Schauspieler zugunsten der hungernden Afrikaner, wurde 1985 aus London in alle Kontinente übertragen – als Appell an die Hilfsbereitschaft aller Menschen.

Spektakuläre Open Air-Konzerte und Kulturfestivals, gefeierte Theater- und Musical-Aufführungen, global arrangierte Filmpremieren und das von Werbekampagnen begleitete Erscheinen eines neuen Bestseller-Romans in allen wichtigen Sprachen – die Kultur wird zur Sendung im elektronischen Abendprogramm über alle Grenzen hinweg. Nie zuvor haben so viele Menschen ihre Pop-Götter und ihre Schauspielidole, die Groß-Schriftsteller und die Filmemacher live erlebt. Nie zuvor hatten so viele Menschen die Chance, die Ideen ihrer Zeit, die bahnbrechenden Werke moderner Kunst kennenzulernen. Der Künstler am Regiepult des zwanzigsten Jahrhunderts? Sein Einfluß scheint so groß wie nie zuvor.

Pop-art/1964

„Viva Maria"/1965

Doch dagegen steht die andere Erkenntnis Marshall McLuhans: „The medium is the message". Mit anderen Worten: Ohne die VIP's aller Länder, ohne die Staatsschauspieler Reagan und Gorbatschow keine Politik im Fernsehen, ohne Leonard Bernstein und Herbert von Karajan keine klassische Musik auf dem Bildschirm. Gefragt sind Berühmtheiten, auch wenn sie oft genug nichts zu sagen haben. Da die Massenmedien auf große Seher-, Hörer- und Besucherschaften abonniert sind, müssen sie vor allem deren Unterhaltungsbedürfnis befriedigen. Und dies um fast jeden Preis. „Amüsieren wir uns zu Tode?" ist die Frage, die wir uns immer dringlicher stellen müssen. „Live Aid" als Spendenaufruf zugunsten der Hungernden. Und: „Live Aid" als die größte Unterhaltungsshow aller Zeiten.

Daß der „Schrei nach Freiheit" und zornige Punk-Hymnen, daß skandalträchtige Happenings und Berichte über den „Archipel Gulag" ein Massenpublikum bewegen können, ist unbestritten. Aber moralische Appelle, der Ruf nach Gerechtigkeit und Bürgerrechten sind nicht die Hauptsache. Nur wenn sie den Erwartungen und Bedürfnissen des Publikums entsprechen, werden sie auch angenommen. Und nur dann dienen die Massenmedien ihrer Verbreitung.

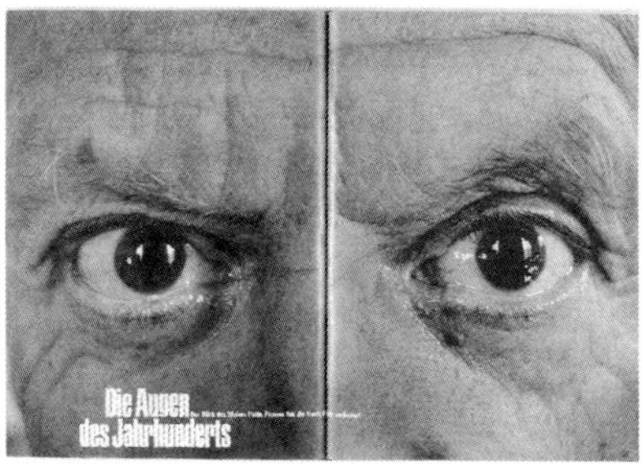

Pablo Picasso/1973

Wie sehr die Medien heraufziehende Zeitströmungen verstärken, zeigt der Kampf gegen die Zensur. Hildegard Knef löste 1951 einen Skandal aus, als sie sich als Hure mit Herz in dem Film „Die Sünderin" unbekleidet auf der Leinwand zeigte. Die Szene machte deutlich, wie eng die Grenzen waren, die der herrschende Puritanismus den Darstellungsmöglichkeiten des Films verordnet hatte. War „Die Sünderin" noch ein deutsches Protest-Ereignis, so wurde Ulla Jacobsons blanke Haut in dem Film „Sie tanzte nur einen Sommer" schon zur internationalen Affäre, ähnlich wie eine Liebesakt-Szene 1964 in Ingmar Bergmans Filmwerk „Das Schweigen". Die Wächter der moralischen Aufrüstung empörten sich gleichermaßen in Europa und Amerika. Der Ruf der Schweden, ein fortschrittliches Land zu sein, beruhte lange Zeit nicht zuletzt auf den Diskussionen um diese beiden Filme.

Da das Fernsehen in den fünfziger Jahren noch nicht seine dominierende Rolle erlangt hatte, war der Film das umkämpfte Medium. Literatur und Theater, Malerei und Musik verkörperten die Elite-Kultur, der Film dagegen erreichte das Massenpublikum und wurde gefährlich für die Ziele der Saubermänner in Kirche und Politik. Unter den klassischen Sparten der Kunst hat einzig die Literatur ihren Rang als Unruhestifterin behaupten können. „Poesie ist Dynamit für alle Ordnungen dieser Welt", sagte Heinrich Böll in seiner berühmten „Wuppertaler Rede".

Designer Colani/1973

Wolfgang Neuss/1977

Zwei Romane, die lange als pornografische Werke verboten waren, läuteten die sexuelle Revolution ein: D. H. Lawrences freizügige „Lady Chatterley" wurde 1959 von den Gerichten freigegeben, und Henry Millers „Wendekreis"-Zyklus öffnete ein Jahr später den Blick für erotische Ländereien, die bislang tabu waren. Ohne das Bekenntnis zur ungeschönten Sexualität hätte die neue Freizügigkeit in den sechziger Jahren die westliche Hemisphäre niemals so schnell erobert.

Doch als Thema von ursprünglichem Interesse ist Sexualität fast unbegrenzt kommerzialisierbar. Es waren die Sexual-Phantasien Henry Millers, die den „Wendekreis des Krebses" zum Verkaufserfolg machten. Unabhängig von seiner literarischen Qualität. Es war die Liebesszene in einer plüschbeschlagenen Theaterloge, die „Das Schweigen" zum Welterfolg machte: Die Kunst als Ware,

Centre Pompidou/1980

Romy Schneider/1981

Sexualität als Konsumartikel – bei nüchterner Betrachtung beruhten Ruhm und Kassenerfolg auf dieser Prämisse. Auch wenn die Künstler anderes beabsichtigten. Die Kulturkritiker Theodor W. Adorno und Herbert Marcuse haben es in ihren Schriften ausgeführt.

Konsumrausch und Konsumkritik: Die westliche Welt hat beides zelebriert. Niedergeschlagen hat sich dies am wirkungsvollsten in der bildenden Kunst, in der Pop-art der sechziger Jahre. Andy Warhols Campbell-Dosen und seine farbenprächtigen Auto-Bilder lassen offen, ob sie die schöne Warenwelt feiern oder verdammen. Und Roy Lichtensteins riesige Comicgesichter, die für alles und nichts Reklame machen, sind glanzvolle Abziehbilder der Zeit – vieldeutig und Spekulationsobjekte des Kunstmarktes von Anfang an.

Die Pop-art war die Antwort auf den Wohlstand der sechziger Jahre. Doch die „Grenzen des Wachstums" kündigten sich an. Die Not der Dritten Welt wurde deutlich, der „Wohlstand für alle" blieb eine schöne Illusion. Die Künstler reagierten. „Engagement" für die Verbesserung der Welt wurde zum Programm – doch die literarische Ausbeute war kaum der Rede wert. Schon bald traten die Schriftsteller die Reise ins Innere des Kopfes an, malten den Rückzug aufs Privatleben aus und scheuten auch den Rückgriff auf die Mythen der Vorzeit nicht. Ihre Vermarktung haben sie darüber nicht aus den Augen verloren.

Wie hat sich die Kunst mit den neuen Möglichkeiten ihrer Verbreitung verändert? Die Elite-Kultur hat Einfluß verloren. Erst der mediengerechte Auftritt vor TV-Kameras und Fotografen garantiert Schriftstellern und Malern, garantiert Musikern und den besten Köpfen der Philosophie die Verbreitung ihrer Ideen und Werke. Der Live-Auftritt ist das Güte-Siegel der Epoche.

Über den Künstler in der Dachstube scheint die Zeit hinweggegangen. Die Welt ist ein globales Dorf geworden.

MANFRED LEIER

Moskau 1964. Marlene Dietrich tritt zum erstenmal in der Sowjetunion auf. Wie zuvor im Westen rührt sie das Publikum mit dem Antikriegslied „Sag mir wo die Blumen sind"

EBERHARD SEELIGER

Juni 1948: Werner Egks Ballett „Abraxas" wird nach der Uraufführung wegen Unmoral abgesetzt

Dezember 1948: In New York wird Cole Porters Musical „Kiss Me Kate" uraufgeführt

August 1949: In Darmstadt wird die Akademie für Dichtung und Sprache gegründet

Januar 1950: Carol Reeds Film „Der dritte Mann" wird uraufgeführt

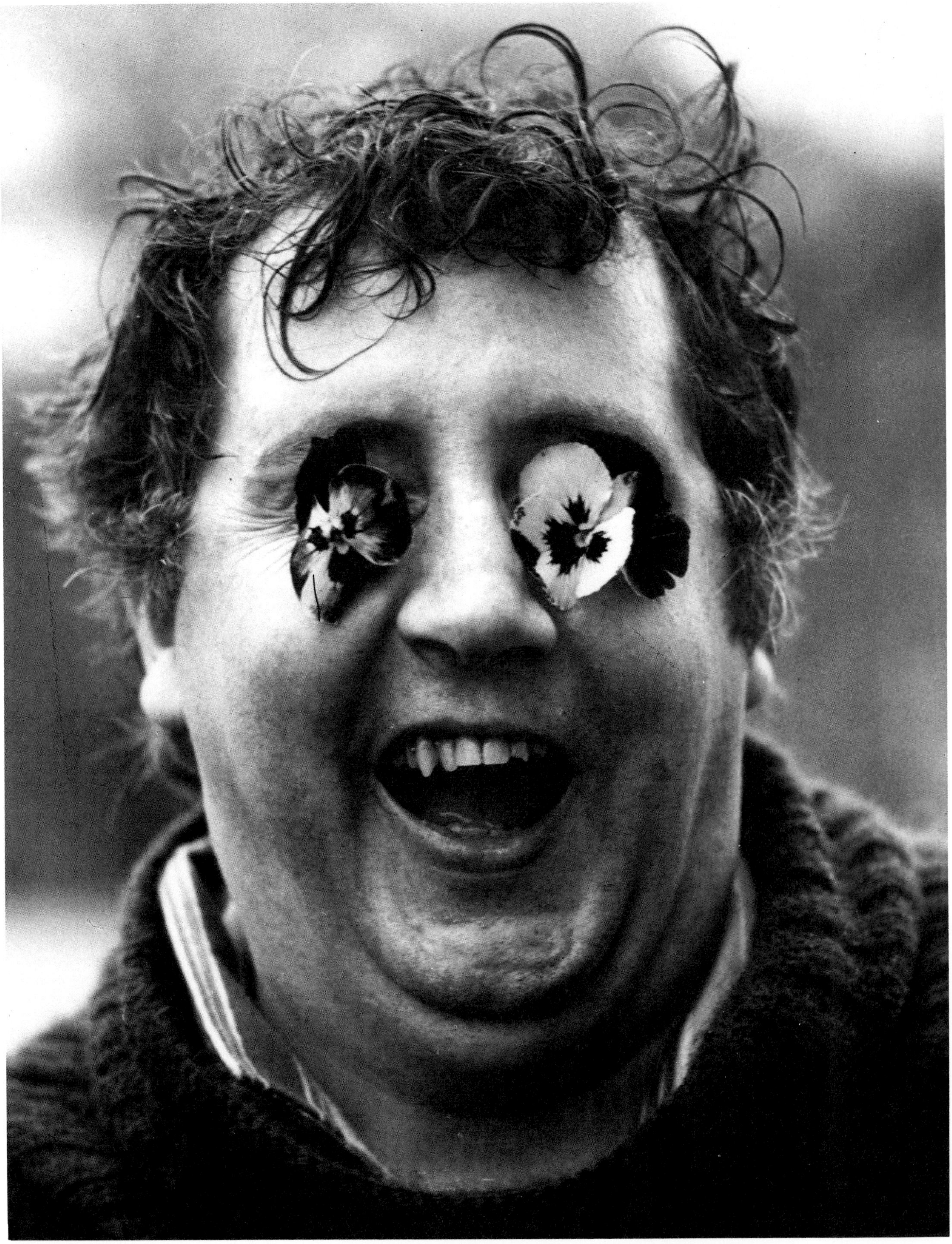

Porträtfotografie. Ein genialer Zeichner und zwei malende Genies lassen sich in den fünfziger und sechziger Jahren auf originelle Weise fotografieren – der Hamburger Horst Janssen mit Stiefmütterchen auf den Augen, der Spanier Salvador Dalí mit einem Schnurrbart aus Langusten-Fühlern und sein Landsmann Picasso als Schirmträger der Französin Françoise Gilot, mit der er zehn Jahre zusammenlebte

THOMAS HÖPKER (l.)
WERNER BOKELBERG (o.)
ROBERT CAPA

Hollywood 1962. Die Schauspielerin Marilyn Monroe in einer Nacktszene bei den Dreharbeiten zu dem Film „Something's Got to Give". Sie hatte Mühe, ihren Text zu behalten. „Es war, als ob sie sich unter Wasser befände", erinnerte sich später der Regisseur George Cukor. Wegen der schlechten Verfassung des blonden Stars wurde der Film schließlich abgeblasen. Am 5. August 1962 starb Marilyn Monroe im Alter von 36 Jahren an einer Überdosis Schlaftabletten. Sie war das größte Sexidol der Nachkriegszeit

LAWRENCE SCHILLER

Hollywood 1955. Der durch Filme wie „Jenseits von Eden" zum Jugendidol aufgestiegene Schauspieler James Dean im Raum der Maskenbildner von Warner Brothers. Die Masken an der Wand stammen von Schauspielern, die innerhalb eines Filmes verschiedene Charaktere darstellen oder stark altern mußten. James Dean, der in den letzten Szenen von „Giganten" einen Fünfzigjährigen spielte, hat einer der Masken zum Spaß seine Brille aufgesetzt. Wenige Monate nach dieser Aufnahme kam der Schauspieler im Alter von 25 Jahren bei einem Autounfall ums Leben

RAPHO

Oktober 1955: Der US-Film „Saat der Gewalt" mit der Musik von Bill Haley kommt in die deutschen Kinos

Dezember 1955: In München wird der Film „Sissi" mit Romy Schneider und Karlheinz Böhm uraufgeführt

März 1956: Das Musical „My Fair Lady" hat am New Yorker Broadway Premiere

September 1956: Elvis Presley wird mit seinem Auftritt in der Ed-Sullivan-Show in den USA zum Rock-St

USA 1956. Der Rocksänger Elvis Presley wird auf dem Privatweg seiner Villa in Memphis von zwei Verehrerinnen geknipst. 1958 muß der Star als einfacher US-Soldat seinen Wehrdienst in der amerikanischen Garnison des hessischen Städtchens Friedberg antreten. Bis zu seinem Tod 1977 ist Presley der unübertroffene King des Rock'n'Roll

Fotograf unbekannt

London 1963. Die Beatles Paul McCartney, Ringo Starr, John Lennon und George Harrison bei einer hektischen Probe im Prince of Wales Theater. Keine andere Gruppe hat die Unterhaltungsmusik dieses Jahrhunderts so nachhaltig beeinflußt wie sie

RON CASE

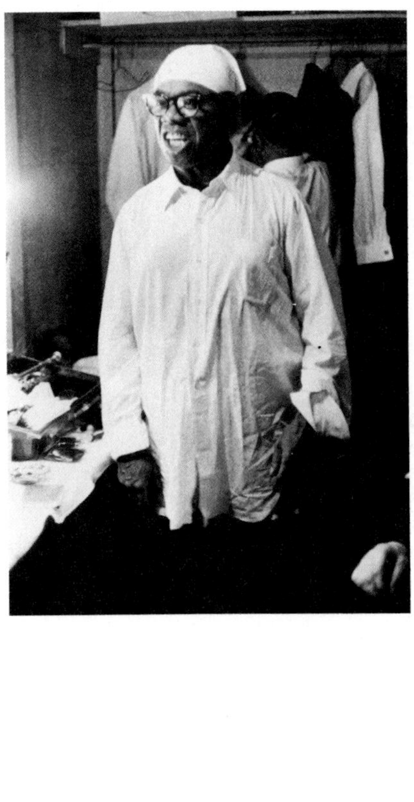

New York 1955. Der Jazzmusiker und Sänger Louis Armstrong nach einem Auftritt in seiner Umkleidekabine. Schon seit den dreißiger Jahren gilt der aus New Orleans stammende schwarze Amerikaner als der berühmteste Jazz-Entertainer der Welt

ROLF GILLHAUSEN

Oktober 1956: Die ARD beginnt mit der täglichen Sendung der Tagesschau

September 1957: In New York wird Leonard Bernsteins Musical „Westside Story" uraufgeführt

Oktober 1957: Zur Buchmesse erscheint Max Frischs neuer Roman „Homo Faber"

Oktober 1958: Elvis Presley dient als GI bei der 3. Panzerdivision im hessischen Friedberg

Kunstwelt 1970. Um „das Licht im Licht und Licht im Raum sichtbar zu machen", legt der Düsseldorfer Künstler Heinz Mack auf einem Gletscher in Grönland und in der algerischen Sahara „künstliche Gärten" an, in denen Skulpturen aus Glas, Stahl und Kunststoff die Sonne reflektieren. Es entstehen Landschaftsbilder von einzigartiger Schönheit, die der Fotograf Thomas Höpker in Farbe festhält

THOMAS HÖPKER

September 1961: Die Deutsche Oper in Berlin wird während der Festwochen eröffnet

Februar 1962: Eine Gruppe von Jungfilmern veröffentlicht das „Oberhausener Manifest"

5. August 1962: Selbstmord von Marilyn Monroe in Hollywood

September 1962: Das New Yorker Lincoln Center wird eröffnet

Moskau 1976. Tänzerinnen des Bolschoi-Theaters beim Umkleiden. Die berühmteste Bühne der Sowjetunion begeht ihr 200jähriges Bestehen. In 114 Länder überträgt das Fernsehen aus dem „Großen Akademischen Theater der UdSSR", wie die Bühne offiziell heißt, eine Gala-Aufführung von Prokofieffs „Romeo und Julia"
ROBERT LEBECK

Januar 1964: Ingmar Bergmans skandalumwitterter Film „Das Schweigen" kommt in die deutschen Kinos

März 1964: Die Beatles belegen die ersten fünf Plätze der US-Hitparade

April 1964: „Die Verfolgung und Ermordung Jean Paul Marats" von Peter Weiss hat in Berlin Premiere

Januar 1965: Mit „Goldfinger" erreicht das James-Bond-Fieber in Deutschland einen ersten Höhepunkt

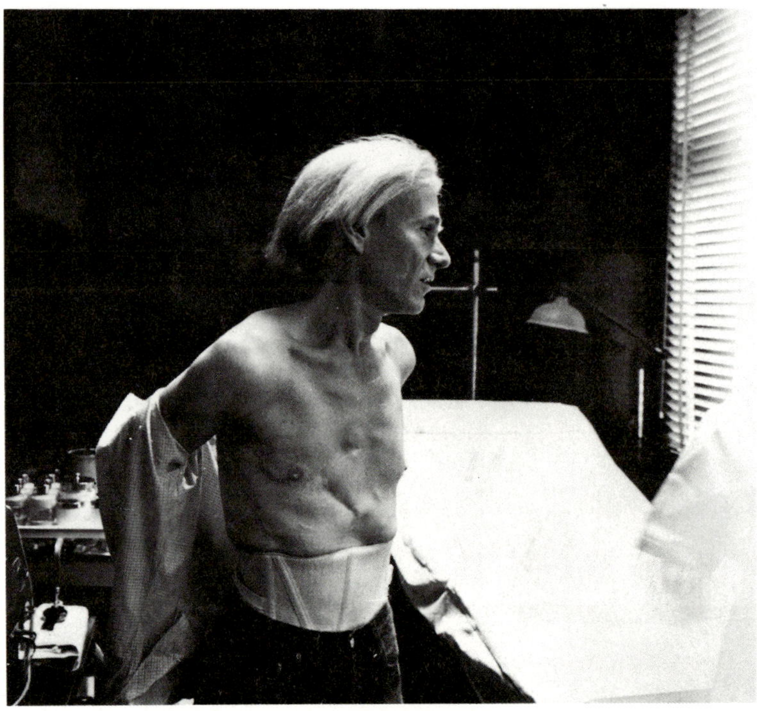

New York 1981. Der Pop-art-Künstler Andy Warhol, der seinen Ruhm mit Siebdrukken von Coca-Cola-Flaschen und Campbell-Suppendosen begründete, gestattet einen Blick auf sein Korsett. Er trägt es seit einer Magenoperation: „Die haben die Muskeln nicht gut zusammengenäht, wenn ich esse, tritt der Bauch vor"

ROBERT LEVIN

Oktober 1968: Der Roman „Deutschstunde" von Siegfried Lenz erscheint

Oktober 1968: Deutsche Premiere des Hippie-Musicals „Hair" in München

Juni 1969: Rainer Werner Fassbinders erster Spielfilm „Liebe ist kälter als der Tod" wird uraufgeführt

15.—17. August 1969: Am Pop-Festival in Woodstock nehmen fast 500 000 Menschen teil

Australien 1973. Der aus Rumänien stammende Verpackungskünstler Christo hat südlich von Sidney die Klippen einer Bucht mit 93 000 Quadratmeter Kunststoffgewebe überzogen und mit 56 Kilometer Seil verschnürt. Drei Jahre später errichtet er in Kalifornien aus Stahlpfosten und Nylonplanen einen 40 Kilometer langen „Running Fence", einen „laufenden Zaun"

WOLFGANG VOLZ

New York 1980. Der Beatle John Lennon und seine japanische Frau Yoko Ono im Schlafzimmer ihrer Wohnung im Dakota-Haus am Central Park. Am 8. Dezember wird Lennon am Eingang des Hauses von dem arbeitslosen Beatle-Fan Mark Chapman erschossen

ALLAN TANNENBAUM

Sommer 1972: Die Tutanchamun-Ausstellung wird schon in London zum Publikumserfolg

Oktober 1972: Heinrich Böll erhält den Nobelpreis für Literatur

April 1973: Der NDR beginnt mit der Ausstrahlung der Kinderserie „Sesamstraße"

Juli 1974: Thomas Bernhards Drama „Die Macht der Gewohnheit" wird in Salzburg uraufgeführt

München 1981. Der Filmregisseur Rainer Werner Faßbinder mit seinem Star Barbara Sukowa, die er als neue „Lola" auf die Leinwand bringt. Als „Liebling der Säsong" macht Lola in einer bundesdeutschen Kleinstadt zur Zeit des Wirtschaftswunders die Männer wild. Der Film ist eine Reminiszenz an den 50 Jahre zuvor mit Marlene Dietrich als Lola gedrehten „Blauen Engel". 1982 stirbt Faßbinder, einer der größten deutschen Regisseure der Nachkriegszeit

TASSILO TROST

Freundschaften.
Der Maler Oskar Kokoschka küßt dem Dramatiker Carl Zuckmayer 1977, wenige Monate vor dessen Tod, bei einem Besuch die Stirn. Drei Jahre später stirbt auch der Maler. 1984 nimmt der Schriftsteller Heinrich Böll den aus der Sowjetunion ausgebürgerten Dichter Alexander Solschenizyn bei sich auf, der wie er selbst mit dem Nobelpreis für Literatur ausgezeichnet wurde

HARALD SCHMITT (o.)
HERBERT PETERHOFEN

New York. Mit einer über einen Meter langen Spezialkamera gelingen dem Hamburger Fotografen Reinhart Wolf 1979 Architekturaufnahmen von New York, wie man sie nie zuvor gesehen hat. Dieses Wolf-Foto zeigt die Obergeschosse des Hochhauses von Walker und Gilette aus dem Jahre 1928 mit seinen goldenen aztekischen Ornamenten vor dem Hintergrund des viel jüngeren General Motors Building

REINHART WOLF

Mai 1979: Volker Schlöndorffs Film „Die Blechtrommel" erhält in Cannes die „Goldene Palme"

Mai 1980: Eröffnung der großen Picasso-Retrospektive im New Yorker Museum of Modern Art

Februar 1980: In Dortmund wird die Rock-Oper „The Wall" von Pink Floyd aufgeführt

Frühjahr 1980: Beginn der Restaurierungsarbeiten in der Sixtinischen Kapelle

Künstler. Der Engländer Lord Snowdon porträtiert 1985 mit der Kamera den Düsseldorfer Avantgardisten Joseph Beuys. Den Maler Georg Baselitz und dessen Sohn Daniel fotografiert er 1984 mit einem leeren Rahmen – inspiriert von dem surrealen Stil des belgischen Malers Magritte. Von der Malkunst läßt sich auch der Brite David Montgomery inspirieren, als er Londoner Malermodelle in ihren beliebtesten Aktposen fotografiert

LORD SNOWDON (l.)
DAVID MONTGOMERY

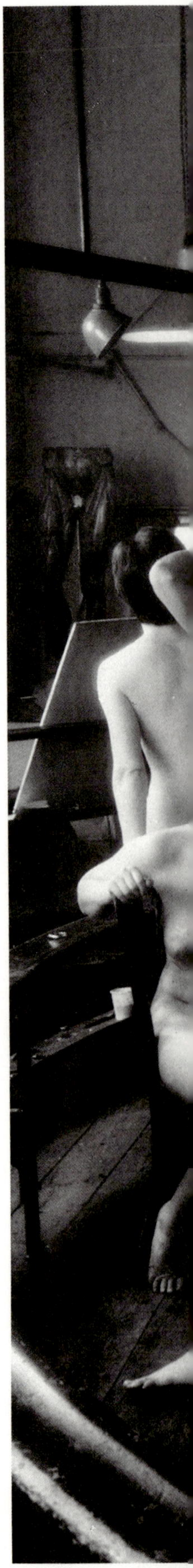

Dezember 1983: Das Evangeliar Heinrich des Löwen wird in London für 32,4 Millionen Mark versteigert

März 1984: Die neue Staatsgalerie in Stuttgart wird eröffnet

6. April 1984: Kino-Start des Films „Die unendliche Geschichte"

23. Mai 1984: Goldene Palme in Cannes für Wim Wenders' Film „Paris, Texas"

Februar 1985: Patrick Süskinds Roman „Das Parfüm" kommt in den Buchhandel

24. Februar 1985: Die erste Folge des TV-Dreiteilers „Das Boot" wird von der ARD ausgestrahlt

28. März 1985: Eröffnung der Ausstellung „Traum und Wirklichkeit" in Wien

13. Juli 1985: „Live Aid Concert" berühmter Rock-Stars zugunsten der Afrikahilfe

China 1987. Der italienische Regisseur Bernardo Bertolucci beendet in Peking seinen Monumentalfilm „Der letzte Kaiser" mit dem kleinen Richard Vuu in der Rolle des Kindmonarchen Pu Yi.

Fotograf unbekannt

USA 1987. Der amerikanische Regisseur John Huston, der nur noch mit Hilfe von Sauerstoffschläuchen atmen kann, dreht nach einer Erzählung von James Joyce „Die Toten" und stirbt bald darauf im Alter von 81 Jahren

VOLKER HINZ

Oktober 1985: Uraufführung von Doris Dörries Film „Männer"

Oktober 1985: „Ganz unten", Günther Wallraffs Report über illegale Leiharbeit erscheint

22. Oktober 1985: Start der TV-Serie „Schwarzwaldklinik"

23. Januar 1986: Mit 64 Jahren stirbt in Düsseldorf der Künstler Joseph Beuys

Nordafrika 1987. Klaus Kinski spielt in „Cobra Verde" einen brasilianischen Abenteurer des 19. Jahrhunderts, der sich als Sklavenhändler in Afrika die schönsten Frauen leistet und schließlich Vizekönig von Dahomey wird. Regisseur des Films ist Werner Herzog

GÉRARD RANCINAN

18. April 1986: Deutsche Premiere des Erfolgs-Musicals „Cats“

Mai 1986: Der Pianist Vladimir Horowitz spielt nach über 60 Jahren erstmals wieder in seiner russischen Heimat

29. Juni 1986: Eröffnung des 1. Schleswig-Holstein-Musikfestivals

6. September 1986: Eröffnung des neuen Wallraf-Richartz-Museums und des Museums Ludwig in Köln

Japan 1987. Ein Tänzer der Gruppe Dai Rakuda Kan („Singendes Kamelschiff“) hat sich das Gesicht leichenhaft weiß geschminkt. Mit ekstatischen Grimassen und Gesten protestiert er im Tanz „Buto“ („dunkle Seele“) gegen die Zwänge der modernen Computer-Gesellschaft

TOM JACOBI

New York 1987. Madonna, Superstar der Popszene, posiert vor einem Spiegel als „zweite Marilyn Monroe". In Wirklichkeit ist die Pop-Sängerin nicht platinblond, sondern brünett.

BRUCE WEBER

Berlin 1987. Nina Hagen, Rockstar mit Kodderschnauze, bei einer Freiübung mit ihrem Punker-Freund Iroquois. Außer durch ihre Auftritte bei Popkonzerten macht die Sängerin auch durch politische Sprüche wie diesen von sich reden: „Ich sage fuck the system, the system is shit. Die Welt braucht Ekstase. Das hat schon Jesus begriffen"

TOM JACOBI

16. April 1987: Fassbinders umstrittenes Stück „Der Müll, die Stadt und der Tod“ in New York uraufgeführt

12. Mai 1987: Die Verdi-Oper „Aida“ wird erstmals an ihrem Schauplatz im ägyptischen Luxor aufgeführt

12. Juni 1987: In Kassel wird die achte „documenta“ eröffnet

Oktober 1987: Das Gemälde „Irisblüten“ von Vincent van Gogh wird in New York für 91,6 Millionen Mark versteigert

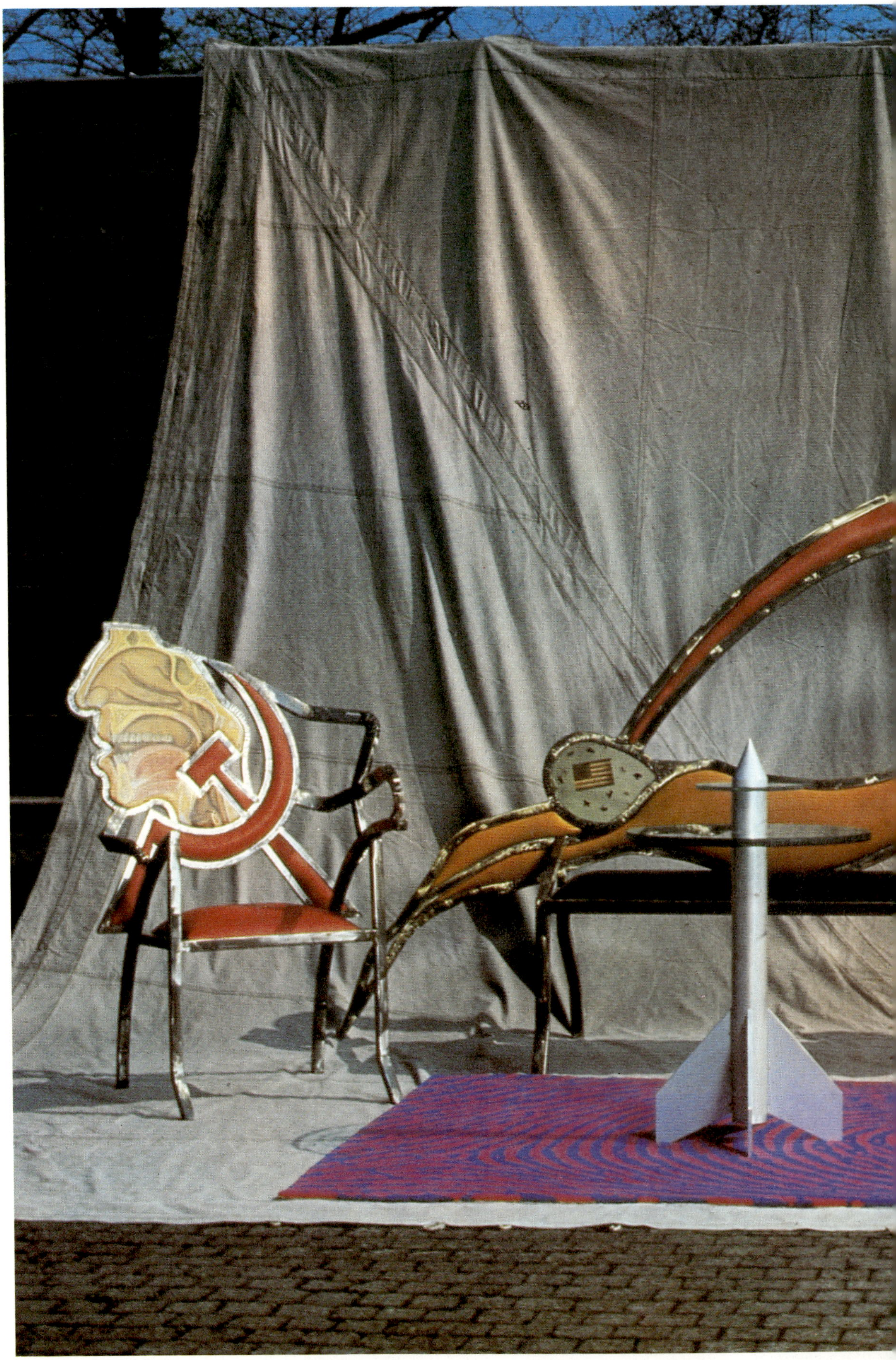

Zeitgeist 1986. Möbel-Designer versuchen mit Leder und Stahl eine Revolution der Wohnungseinrichtung. Den Sessel „Hotel Ukraine" und das dazu passende harte Sofa „Nibelungen" schuf Siegfried Michail Syniuga. Herbert Jakob Weinand entwarf den Raketentisch und Thomas S. Bley den Teppich „Time Line"

TOM JACOBI

Welt ohne innere Ordnung

Kein Tag ohne Kriege und Krisen

Als 1945 die Vereinten Nationen aus der Taufe gehoben wurden, war dies ein Versprechen an die Zukunft. Nach den Greueln zweier Weltkriege sollte ein Zeitalter des Friedens, der Vernunft und der Zusammenarbeit eingeleitet werden. Selten war eine Hoffnung so universal, und selten wurde sie so enttäuscht.

Statt des Friedens zog eine neue Ära der Gewalt herauf. Statt Vernunft und Zusammenarbeit erlebte die zweite Hälfte des Jahrhunderts den finstersten Despotismus, grauenhafte Massenmorde und eine endlose Kette blutiger Umstürze. Mehr als 130 Kriege und Bürgerkriege, denen 20 bis 30 Millionen Menschen zum Opfer fielen, zählt die Statistik seit 1945. An keinem einzigen Tag seit dem Ende des Zweiten Weltkriegs gab es jenen Frieden, nach dem sich die Völker damals sehnten.

Krieg in Algerien/1957

Vielleicht wird man diese Epoche später einmal das Zeitalter der großen Wirrnis nennen – eine Ära der geistigen und politischen Anarchie, wie sie einst dem Zusammenbruch des Römischen Imperiums folgte.

Die beiden Weltkriege dieses Jahrhunderts hinterließen ein globales Chaos. Europa hatte aufgehört, das Zentrum der Welt zu sein. Die alten Macht- und Ordnungsstrukturen waren zerbrochen, und auf den Trümmern richteten sich die neuen Supermächte ein, bereit zum tödlichen Zweikampf um die Weltherrschaft.

Kuba-Krise/1962

Jahrzehntelang vergiftete der kalte Krieg zwischen den USA und der Sowjetunion die internationale Atmosphäre. Die Angst vor dem atomaren Untergang wurde zum beherrschenden Lebensgefühl einer ganzen Generation. Dreimal, bei der direkten Konfrontation der beiden Blöcke, stand die Welt am Rand der Katastrophe: 1950 im Korea-Krieg, 1962 in der Kuba-Krise und Ende der sechziger Jahre in Vietnam.

Amerika hatte die beiden ersten Runden gewonnen, doch der zehnjährige Vietnamkrieg wurde zum Debakel für Washington. Der moralische Kredit der westlichen Führungsmacht ging in den Dschungeln Indochinas zu Bruch. Der Name My Lai – ein vietnamesisches Dorf, in dem US-Soldaten über hundert Männer, Frauen und Kinder erschossen – wurde zum Synonym einer verrohten Kriegsführung, die, je erfolgloser sie war, um so blindwütiger um sich schlug. Der Rückzug aus Saigon besiegelt schließlich die erste Niederlage der USA in ihrer Geschichte.

Auf der anderen Seite zeitigte das östliche Machtsystem seine ei-

Krieg in Biafra/1967

Kriegsende in Biafra/1970

Putsch in Chile/1973

genen Krisen. Das Imperium, das Stalin zusammengeschmiedet und mit eiserner Faust niedergehalten hatte, stand auf brüchigen Fundamenten. Osteuropa erwies sich trotz inneren Terrors und äußerer Gleichschaltung als unassimilierbar. Die Volksaufstände der fünfziger Jahre in Polen und Ungarn wurden zwar niedergeschlagen, aber der Widerstand erlosch nicht. Er nahm nun die Form parteiinterner Auseinandersetzungen an. Der „Prager Frühling", der einen „Sozialismus mit menschlichem Antlitz" proklamierte, traf das System in seinem Kern. Die Antwort war der Einmarsch von Truppen des Warschauer Pakts in die CSSR.

Die schleichende Krise im östlichen Lager war damit freilich nicht aufzuhalten. Die polnische Erhebung von 1980, durch die Wahl eines Polen zum Papst beflügelt, wurde zum Wendepunkt der inneren Entwicklung im Ostblock. Zwar wurde die offene Rebellion unterdrückt, aber die Uhr war nicht mehr zurückzudrehen. Polen konnte seine kleine Freiheit bewahren, und Ungarn wurde in der Folgezeit zum Schrittmacher eines liberalen sozialistischen Systems, das die Fesseln des Dogmatismus abgestreift hat.

Europa, das die Welt so lange in Atem hielt, ist heute kein Unruhefaktor mehr, zum Glück für die Europäer selbst. Die seismischen Beben gehen von anderen Regionen aus, vor allem vom Nahen und Mittleren Osten, dem Eiterherd der Weltpolitik. Erdöl und Allah, religiöser Wahn und politischer Chauvinismus, tiefste soziale Rückständigkeit und höchste Waffentechnik, blinder Haß und skrupellose Machtpolitik bezeichnen den Teufelskreis, der Krise um Krise, Blutbad um Blutbad hervorbringt.

Auch Israel ist verwildert. Vier Kriege hat es geführt, um seine Existenz zu sichern, und hat doch den Frieden nicht einmal im eigenen Haus herstellen können. Die Palästinenser, die einst glaubten, die Weltmeinung mit den Mitteln des Terrors für sich gewinnen zu können, sind zum zivilen Daueraufstand gegen die Besatzungsmacht übergegangen, und immer noch hat Israel keine Antwort auf die Frage gefunden, wie es mit dem Volk zusammenleben will, das ein unbestreitbares Heimatrecht in Palästina hat.

Auf der Strecke blieben Toleranz und Humanität, die einst Moslems, Juden und Christen in der ganzen Region friedlich koexistieren ließen. Beirut, einst die lebensfrohe, mondäne Metropole der Levante, ist zu einem Betondschungel verkommen, in dem sich Mörderbanden die Herrschaft streitig machen: trauriges Symbol einer Welt, die ihre innere Ordnung verloren hat.

Israels Krieg gegen Ägypten/1973

Bürgerkrieg in Nicaragua/1979

Besetzung Grenadas/1983

Gewalt als Heilserwartung und Erlösung – das ist der Ausdruck eines zivilisatorischen Zusammenbruchs, der sich rund um den Globus im Gefolge des Zweiten Weltkriegs vollzogen hat. Sein Produkt ist der Terrorismus, der sich wie eine ansteckende Geisteskrankheit über den ganzen Erdball ausbreitet und ruhigen Gewissens die abscheulichsten Verbrechen begeht. Doch er spiegelt nur die Gewalt von oben, die in weiten Teilen der Welt zur Daseinsform geworden ist und die ihre äußerste Perversion im Genozid des Pol Pot-Regimes am friedfertigen und wehrlosen Volk von Kambodscha erreichte.

Die wahre Krise der Welt ist die ans Obszöne grenzende Kluft zwischen reichen und armen Nationen, die Verelendung ganzer Kontinente im Schatten der westlichen Überflußgesellschaft. Wo alles verrottet, das Recht wie die Gerechtigkeit, erscheint die Maschinenpistole vielen als letzte Zuflucht, um wenigstens die eigene Identität zu retten: in Peru wie in Nicaragua, auf den Philippinen wie in Birma. Der Mann in der gefleckten Tarnjacke mit der MP im Arm und der Handgranate am Koppel ist eine austauschbare Figur. Es gibt ihn überall – bereit zu töten und getötet zu werden. Die Krisen und Kriege der dritten Welt werden dauern, solange das Elend dauert, in dem sie gefangen ist.

Doch es gibt auch Hoffnung nach den Jahrzehnten der Resignation: Die Sowjetunion, das Zentrum der zweiten Welt, ist in radikaler Umwandlung begriffen. Die Krisen, die heute von Moskau ausgehen, sind Krisen der Erneuerung. Die Ära der stumpfen Repression geht zu Ende. Das größte Land der Erde ist dabei, sich zu öffnen, nach innen wie auch außen. Es wäre, wenn die Hoffnung nicht abermals trügt, ein Sieg der menschlichen Vernunft. Ein gutes Stück auf dem Weg, der einmal das Versprechen von 1945 war.

HEINRICH JAENECKE

Korea 1950. Einige der ersten nordkoreanischen Kriegsgefangenen bei den blutigen Auseinandersetzungen zwischen dem kommunistischen Nordkorea und dem westlich beeinflußten Südkorea in der Nähe des 38. Breitengrades. Es beginnt der dreijährige Korea-Krieg, bei dem Chinesen und Sowjets die kommunistische Seite und die Amerikaner Südkorea unterstützen. Für das Foto koreanischer Flüchtlinge, die in der Nähe von Pyongyang auf einer zerstörten Brücke den Taedong-Fluß überqueren, erhielt der AP-Fotograf Max Desfor 1950 den Pulitzer-Preis

BERT HARDY (l.)
MAX DESFOR

25. Mai 1949: Maos Volksarmee erobert auf ihrem Vormarsch Schanghai

Herbst 1949: Krise zwischen Jugoslawien und den übrigen Ostblockstaaten wegen Titos eigenem Kurs

1. Oktober 1949: Mao proklamiert in Peking die Volksrepublik China

Oktober 1949: Ende des Bürgerkriegs in Griechenland

Januar 1950: Die letzten nationalchinesischen Truppen ergeben sich

Oktober 1950: Die Kämpfe zwischen Franzosen und Vietminh verschärfen sich

6. November 1950: Die Volksrepublik China greift in den Korea-Krieg ein

Mai 1951: Krise zwischen England und dem Iran nach der Verstaatlichung der persischen Ölindustrie

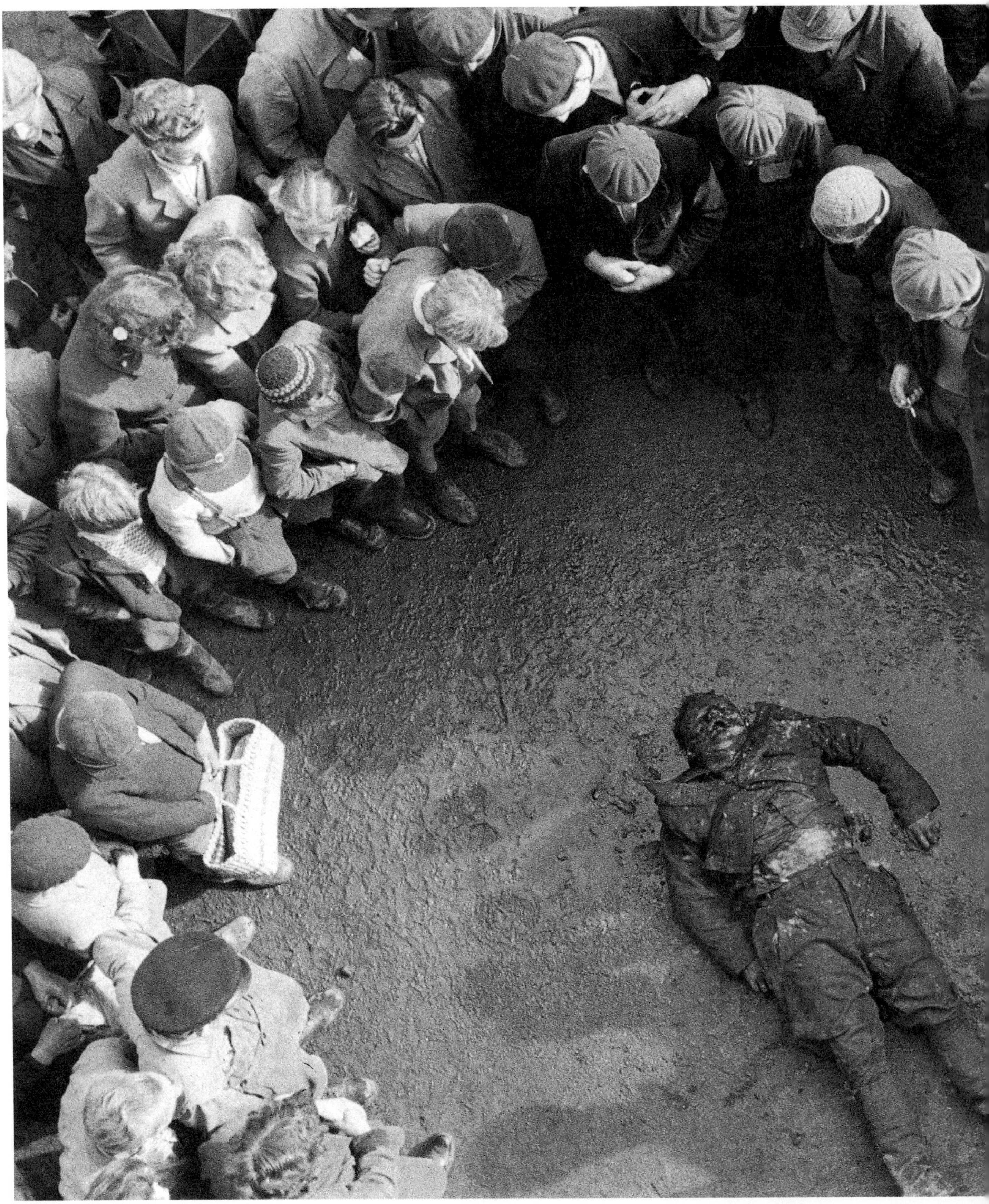

Budapest 1956. Bewohner der ungarischen Hauptstadt lynchen einen Kommissar der verhaßten stalinistischen Staatspolizei, auf deren Konto ungezählte Folterungen und Morde gehen. Seine Leiche wird später mit den Füßen nach oben an einen Baum gehängt. Zwei Monate tobt im ganzen Land der Ungarn-Aufstand gegen die kommunistische Terrorherrschaft. Im November schlagen sowjetische Truppen den Aufstand nieder

ROLF GILLHAUSEN

7. Mai 1954: Fall der französischen Festung Dien Bien Phu in Vietnam

Juni 1954: Welle von Attentaten auf französische Siedler in Algerien

Juli 1954: Auf der Genfer Indochinakonferenz wird die Teilung Vietnams beschlossen

1. November 1954: Beginn des Algerien-Krieges mit Aufständen algerischer Rebellen

Prag, 21. August 1968. Sowjetische Truppen besetzen Prag und beenden damit den Versuch der Reformpolitiker um Alexander Dubček, einen „Kommunismus mit menschlichem Antlitz" zu schaffen. Die Bevölkerung reagiert auf die Okkupation mit Wut und Trauer. Sowjetsoldaten werden als „Faschisten" beschimpft. Weinende Menschen halten ihnen Fotos der Reformkommunisten Dubček und Svoboda entgegen. Ein junger Mann mit einer tschechischen Fahne wird bei der Explosion eines angegriffenen Munitionswagens so schwer verletzt, daß sein Blut das Fahnentuch färbt. Ein Freund geleitet den Verwundeten heim

VOLKER KRÄMER
HILMAR PABEL (u.)

Oktober 1956: Englische und französische Einheiten greifen im Suez-Konflikt ägyptische Stellungen an

Dezember 1956: Reihe von Anschlägen der IRA in Nordirland

September 1957: Schwere Rassenunruhen in den Südstaaten der USA

13. Mai 1958: In Algerien putscht das Militär gegen die Regierung in Paris

Prag 1968. Die Straßen sind schwarz von Menschen. Mit Steinwürfen und brennenden Barrikaden versuchen Zivilisten, die sowjetischen Panzer aufzuhalten. Das Pflaster ist voller Schutt und Scherben. Schließlich bleibt nur noch die zähneknirschende Kapitulation vor der militärischen Übermacht. Der „Prager Frühling" ist zu Ende, die Hoffnung auf einen demokratischen Kommunismus auf lange Zeit begraben

HILMAR PABEL

1. Mai 1960: Über der Sowjetunion wird ein US-Aufklärungsflugzeug vom Typ U-2 abgeschossen

Juli 1960: Bürgerkrieg im gerade unabhängig gewordenen Kongo

9. Februar 1961: Der kongolesische Ministerpräsident Lumumba wird abgesetzt, später ermordet

10. April 1961: Eine von den USA unterstützte Invasion Kubas scheitert in der Schweinebucht

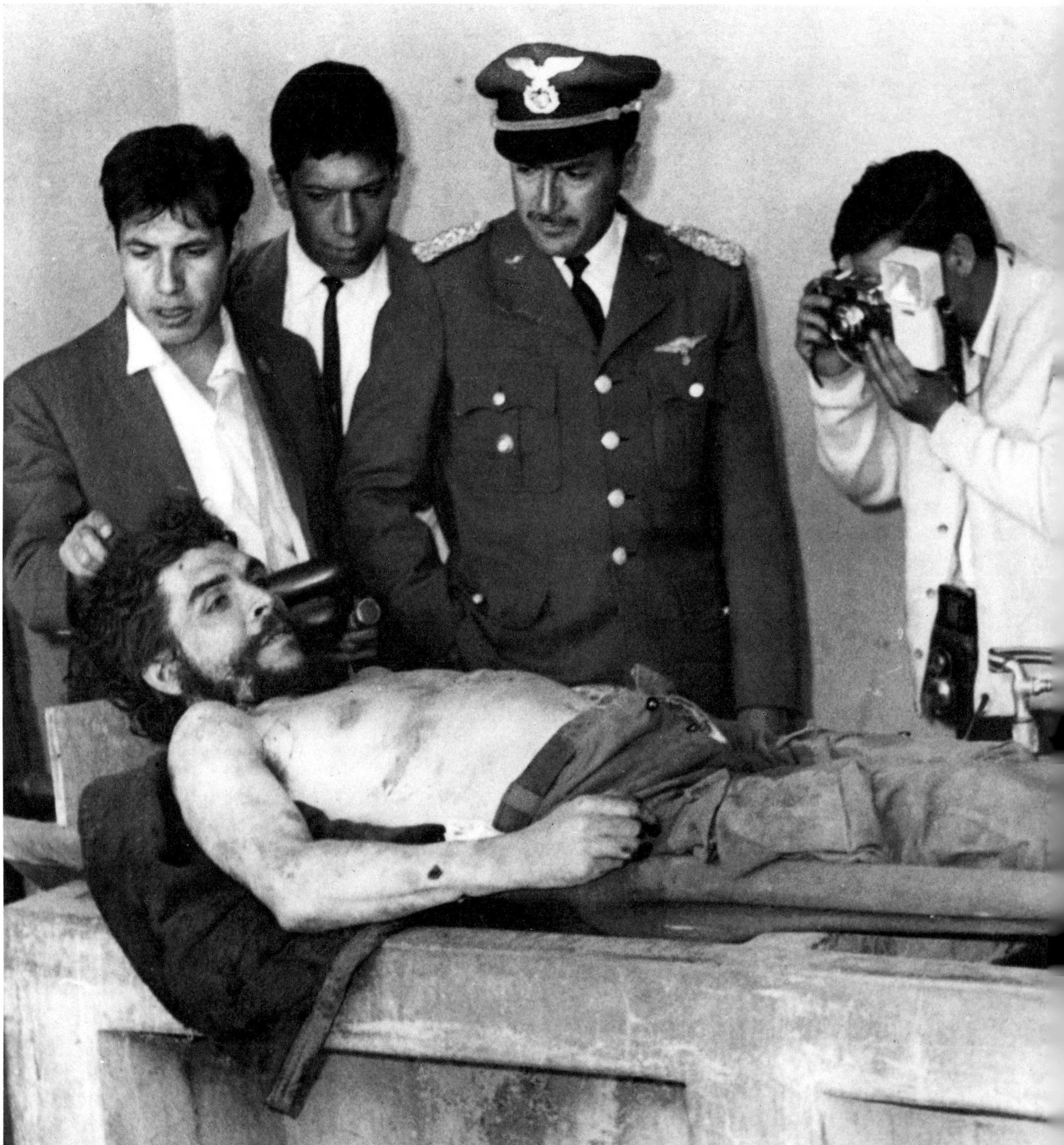

Valle Grande/Bolivien 1967. Der Partisanenführer Che Guevara, das Idol junger Leute in aller Welt, ist von bolivianischem Militär am 8. Oktober gefangengenommen und ermordet worden. Nach der Zurschaustellung seiner Leiche einen Tag später wurde er vermutlich verbrannt. In Kuba hatte Guevara an der Seite Fidel Castros gegen die Batista-Diktatur gekämpft. 1965 verließ er Kuba, um in Bolivien eine revolutionäre Bewegung aufzubauen

AP

Washington 1967. Mit aufgepflanztem Bajonett stellt sich amerikanische Nationalgarde den Teilnehmern eines Friedensmarsches entgegen, die ein Ende des Vietnamkrieges fordern. Eine Frau hält den Gardisten eine Blume hin

MARC RIBOUD

Vietnam 1972. Nackt und schreiend flüchtet das Mädchen Kim Phuc am 8. Juni mit anderen Kindern nach einem Napalm-Angriff der Amerikaner aus seinem Heimatdorf Trang Bang. Ebenfalls in Vietnam entstand das Foto einer Familie, die sich schwimmend vor den Kämpfen in Sicherheit zu bringen versucht

HUYNH CONG UT (o.)
KYOICHI SAWADA

November 1964: Die Rebellen im Kongo töten 80 Ausländer und über 8000 Einheimische

April 1965: Nach einem Militärputsch entsenden die USA Truppen in die Dominikanische Republik

September 1965: Grenzkonflikt zwischen Indien und Pakistan

21. April 1967: In Griechenland putscht das Militär und übernimmt die Macht

Vietnam 1965. Eine mit schweren Verbrennungen in ein Lazarett eingelieferte Frau preßt ihre linke Hand an den bandagierten Kopf. Der Kriegsberichterstatter Philip Jones Griffiths fotografierte die vietnamesische Patientin. Unter das Foto schrieb er später nur ein Wort: „Napalmopfer"

PHILIP JONES GRIFFITHS

Juni 1967: Im Sechstagekrieg gelingen den israelischen Truppen erhebliche Geländegewinne

4. April 1968: Der Führer der US-Bürgerrechtsbewegung, Martin Luther King, wird in Memphis erschossen

Januar 1969: Nach Studentenunruhen wird über ganz Spanien der Ausnahmezustand verhängt

März 1969: Schwerer sowjetisch-chinesischer Grenzzwischenfall am Ussuri-Fluß

Vietnam 1966. Amerikanische Soldaten schleppen einen toten Vietkong aus der Kampfzone. Sie haben die Leiche mit einem Strick an ihren Panzerwagen gebunden

KYOICHI SAWADA

Vietnam 1968. Bei einem kommunistischen Gegenangriff nehmen südvietnamesische Fallschirmjäger in Saigon einen Vietkong gefangen. Polizeichef General Nguyen Ngoc Loan erschießt den Gefangenen auf offener Straße
EDDIE ADAMS

12. Januar 1970: Mit der Kapitulation Biafras endet der zweieinhalbjährige Bürgerkrieg in Nigeria

Februar 1970: Mehrere Anschläge arabischer Terroristen auf Linienflugzeuge

5. April 1970: Der deutsche Botschafter in Guatemala, Graf Spreti, wird von Guerillas ermordet

September 1970: PLO-Terroristen kapern insgesamt fünf zivile Flugzeuge

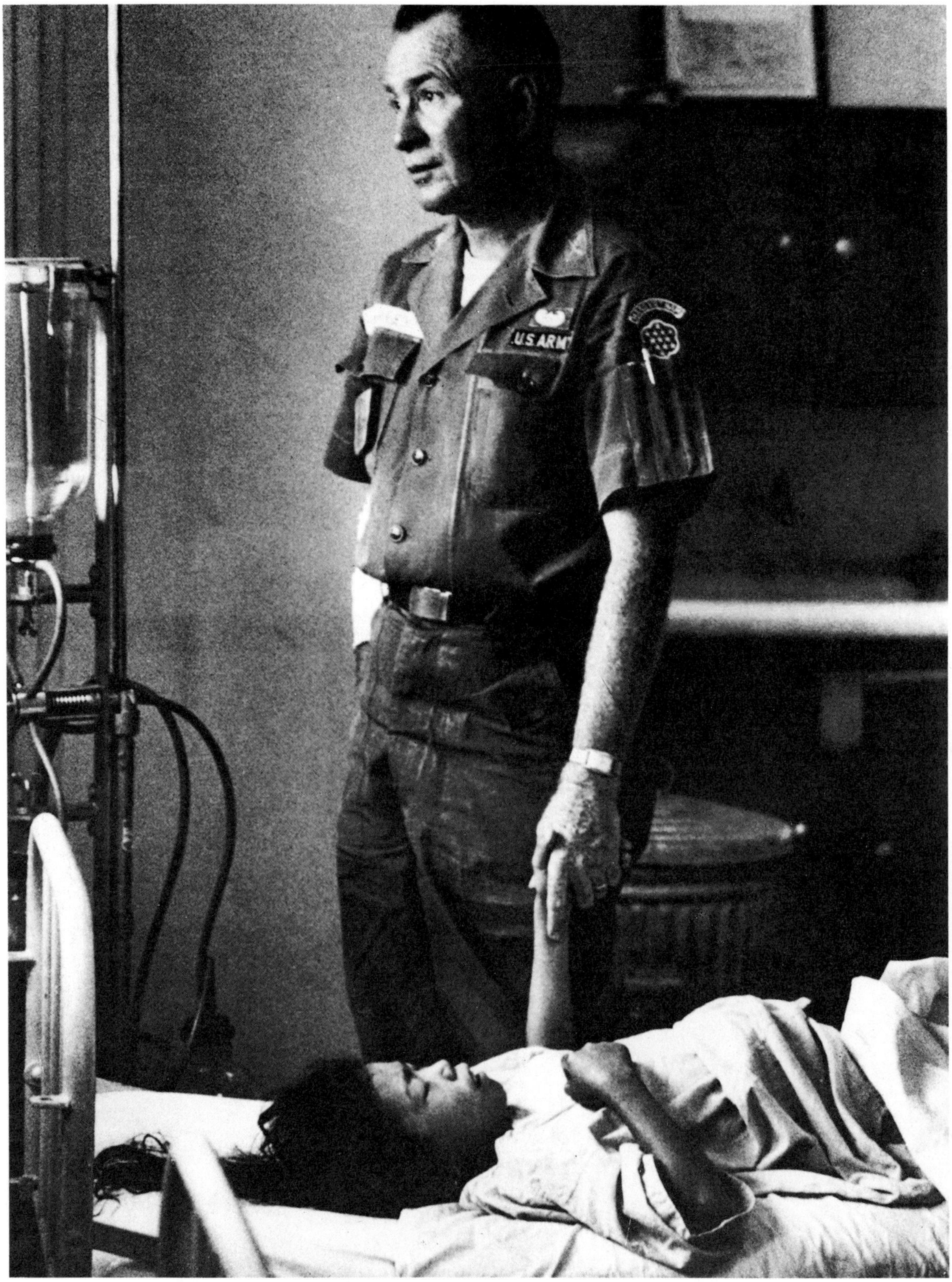

Vietnam 1964. Ein amerikanischer Militärarzt hält die Hand des gerade gestorbenen Mädchens Le Thi-lan, der „kleinen Orchidee". Die Dreizehnjährige war vom Splitter einer Handgranate getroffen worden, die ein Unbekannter im Vorbeifahren auf den Marktplatz von My-Tho im Mekongdelta geworfen hatte. Erschüttert betrachtet ein anderer Amerikaner nach der vergeblichen Operation das Bett, auf dem die Tote lag

HILMAR PABEL

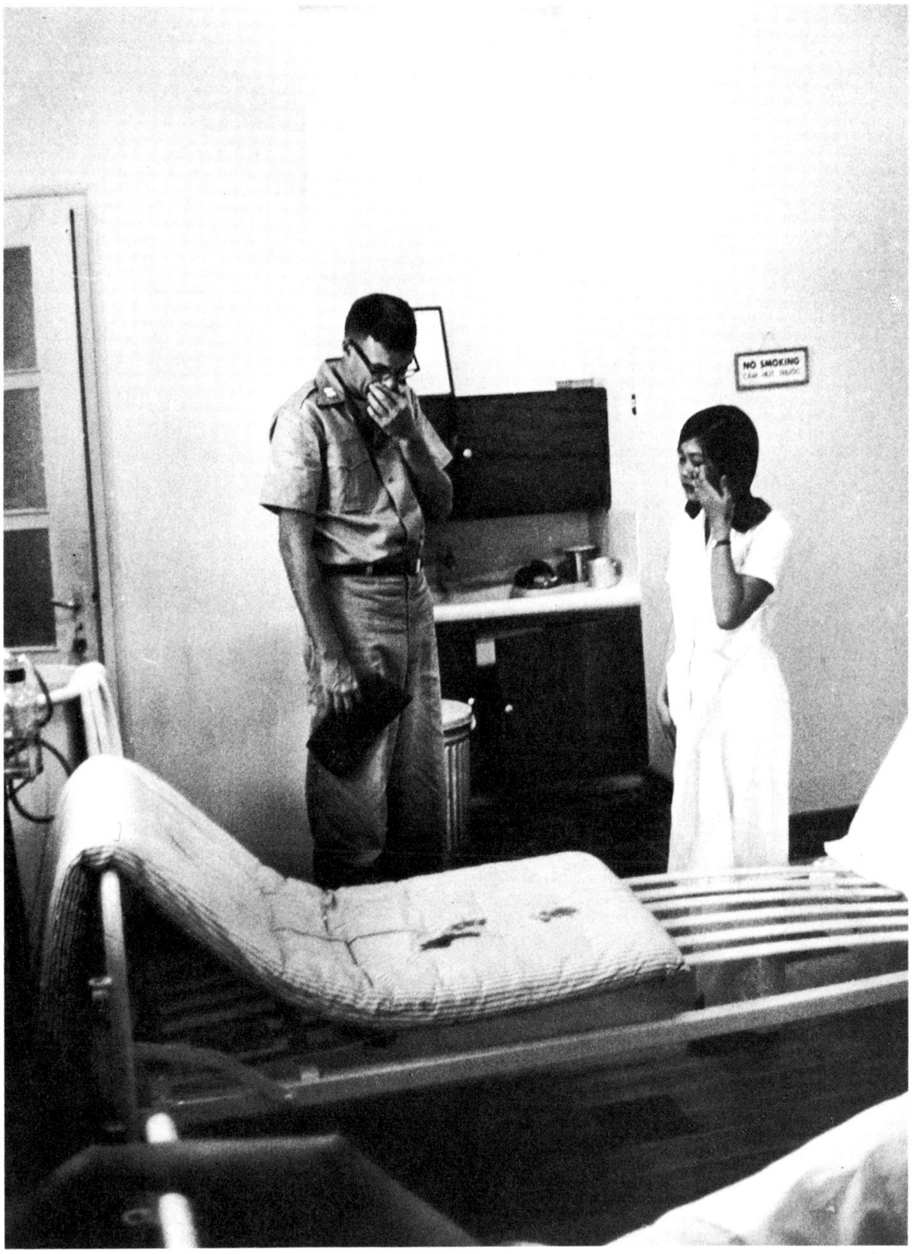

Juli 1972: Ägyptens Präsident Sadat fordert die UdSSR auf, ihre 20000 Militärberater abzuziehen

21. Februar 1973: Israelische Kampfflieger zwingen libysches Verkehrsflugzeug zur Landung in der Sinai-Wüste: über 100 Tote

April 1973: Im kambodschanischen Bürgerkrieg belagern die Roten Khmer die Hauptstadt Pnom Penh

11. September 1973: Bei einem Militärputsch wird Chiles Präsident Salvador Allende ermordet

Südchinesisches Meer 1980. Auf einer leckgeschlagenen Dschunke treiben 42 vietnamesische Flüchtlinge hilflos auf dem Meer. Die Besatzung des deutschen Rettungsschiffes „Cap Anamur" holt die sogenannten Boat people an Bord. Mehrere tausend Flüchtlinge entgingen dank der „Cap Anamur" dem Tod

KLAUS MEYER-ANDERSEN

Oktober 1973: Yom-Kippur-Krieg zwischen Israel, Ägypten und Syrien

115

November 1973: Studentenproteste gegen das griechische Militärregime

Winter 1973/74: Energiekrise in Westeuropa nach Drosselung der arabischen Öllieferungen

20. Dezember 1973: Spaniens Ministerpräsident Carrero Blanco wird von baskischen Extremisten ermordet

25. April 1974: Ein Militärputsch beendet in Portugal die über 40jährige Diktatur

23. Juli 1974: Ende des Obristenregimes in Griechenland nach mißglückter Zypern-Politik

August 1974: Im Zypern-Konflikt schickt die Türkei Truppen auf die Insel

12. September 1974: In Äthiopien wird Kaiser Haile Selassie vom Militär gestürzt

München 1972. Ein palästinensischer Terrorist auf dem Balkon vor dem Quartier der israelischen Mannschaft im Olympischen Dorf. Er hat nachts zusammen mit sieben anderen Arabern die unbewachte Unterkunft überfallen, zwei Israelis erschossen und neun weitere als Geiseln genommen. Alle Geiseln, fünf Terroristen und ein deutscher Polizeibeamter sterben später auf dem Flughafen Fürstenfeldbruck, als Polizei die gefesselt zu zwei Bundeswehrhubschraubern gebrachten Israelis zu befreien versucht

VOLKER HINZ

Beirut 1976. Flüchtende Zivilisten, brennende Häuser, eine klagende alte Frau und ein junger Milizionär – Bürgerkriegsalltag in der libanesischen Hauptstadt

FRANÇOISE DEMULDER

5. Juli 1977: Militärputsch in Pakistan bringt General Zia ul-Haq an die Macht

Mai 1978: Einsatz französischer und belgischer Fallschirmspringer in Zaire

November 1978: Nach Protesten setzt der Schah von Persien eine Militärregierung ein

Januar 1979: Ende des Terror-Regimes von Pol Pot in Kambodscha

Nahost 1956. Ein jüdischer Soldat beim Sinai-Feldzug, mit dem Israel auf die Nationalisierung der Suezkanalgesellschaft durch Ägypten reagierte. Während Ägypten gleichzeitig durch Großbritannien und Frankreich angegriffen wird, besetzen israelische Truppen innerhalb von elf Tagen den Gaza-Streifen und die Sinai-Halbinsel

MICHA BAR-AM

Libanon 1982. Israelische Truppen besetzen den Südlibanon und vertreiben die Palästinensische Befreiungsfront (PLO) aus ihren Operationsbasen in der Nähe der libanesisch-israelischen Grenze. Über Sidon, wo dieses Foto entstand, rücken 60 000 Israelis mit 500 Panzern bis zur Hauptstadt Beirut vor und umzingeln den Westteil der Stadt, wo 7000 PLO-Männer erbitterten Widerstand leisten

YOSSI ROTH

20. Januar 1981 : Die Geiseln in der Teheraner US-Botschaft werden freigelassen

12. April 1981 : Schwere Auseinandersetzungen in London zwischen Polizei und farbigen Arbeitslosen

7. Juni 1981 : Israelischer Bombenangriff auf irakischen Atomreaktor bei Bagdad

19. August 1981 : Zwei libysche Jagdflugzeuge werden von US-Maschinen abgeschossen

6. Juni 1982: Die israelische Armee marschiert in den Libanon ein

18. September 1982: In Beiruter Flüchtlingslagern ermorden rechte Milizen über 1000 Palästinenser

18. April 1983: Bei Sprengstoffanschlag auf die US-Botschaft in Beirut sterben 66 Menschen

11. Mai 1983: Erster „Nationaler Protesttag" gegen die Pinochet-Diktatur in Chile

Nordirland 1969.
An eine Mauer in Belfast hat jemand gesprüht: „Wir wollen Frieden". Aber der Religionskrieg zwischen Protestanten und Katholiken, zwischen irischen Untergrundkämpfern und britischen Soldaten fordert immer neue Opfer

HANNS-JÖRG ANDERS

Nordirland 1981. Ein britischer Soldat sucht nach einer Straßenschlacht in Londonderry noch immer Schutz hinter seinem Plastikschild, während neben ihm ein Mädchen Steine und Scherben fortkehrt. Katholische Jugendliche schleudern Steine und Molotow-Cocktails gegen ein britisches Armeefahrzeug. Ein vermummter kleiner Junge hat sich für den Straßenkampf mit einer angekohlten Holzstange bewaffnet. Ebenfalls vermummt, decken junge Katholiken in Belfast Polizei und Militär mit einem Hagel aus Pflastersteinen ein

GILLES PERESS
IAN BERRY (r.o.)
SIPA (r.u.)

25. Oktober 1983: Invasion von US-Truppen auf der Karibik-Insel Grenada

17. Dezember 1983: Terroranschlag der IRA auf das Londoner Kaufhaus Harrods: sechs Tote

Februar 1984: Neue iranische Großoffensive im Golfkrieg

Februar 1984: Die USA senden Kriegsschiffe in den Persischen Golf

Mai 1984: Schwere Zusammenstöße zwischen Hindus und Moslems in Indien

August 1984: Massendemonstrationen gegen das Marcos-Regime auf den Philippinen

September 1984: Bei schweren Rassenunruhen in Südafrika sterben über 30 Menschen

30. Oktober 1984: Generalstreik in Chile gegen Staatschef Pinochet

Falklandkrieg 1982. Großbritannien entsendet seinen Flugzeugträger „Hermes", um die von Argentinien besetzten Falklandinseln zurückzuerobern. Während das Flugdeck startklar gemacht wird, sammeln sich in den Hangars darunter die Piloten der Harrier-Senkrechtstarter. Das Foto wurde von einem Aufzug aus aufgenommen, mit dem die Flugzeuge an Deck gehievt werden

PRESS ASSOCIATES

Südafrika 1987: Winnie Mandela grüßt mit erhobener Faust die Teilnehmer einer Trauerfeier. Die Frau des seit 1962 im Gefängnis sitzenden Führers der Befreiungsbewegung „African National Congress" ist wie ihr Mann zu einer Symbolfigur des Widerstandes gegen das weiße Rassisten-Regime geworden

GIDEON MENDEL

Südafrika. Nur noch mit roher Gewalt läßt sich das Apartheid-System aufrechterhalten. Weiße Polizisten knüppeln auf schwarze Demonstranten ein

DAVID TURNLEY

27. Januar 1987: Auf den Philippinen scheitert ein Putschversuch gegen Staatspräsidentin Aquino

22. Februar 1987: Syrische Truppen besetzen Beirut

16. April 1987: Offiziersrebellion in Argentinien

April 1987: Terroranschläge von Tamilen auf Sri Lanka

8. Mai 1987: Bei einem Feuergefecht in Nordirland wird IRA-Anführer James Lynagh erschossen

20. Juni 1987: Bei einem Massaker kurdischer Separatisten kommen in der Türkei 31 Menschen ums Leben

Juni 1987: Schwere Unruhen in Südkorea, die sich gegen Staatschef Chun Doo Whan richten

Dezember 1987: Heftige Demonstrationen im israelisch besetzten Gaza-Streifen

Iran 1986. Seit sechs Jahren tobt der Golfkrieg zwischen Irak und Iran. In der iranischen Hafenstadt Abadan sind nach einem Angriff der Irakis Öltanks einer der größten Ölraffinerien der Welt in Flammen aufgegangen

HENRY BUREAU

Träume von einem besseren Leben

Wohin geht unsere Gesellschaft?

Elizabeth II. wird gekrönt/1953

Brigitte Bardot/1966

Christiane F./1978

Europa war voller Soldaten, aber es herrschte plötzlich Frieden, und die Menschen träumten in jenem Frühling 1945 einen schönen Traum. Daß es nie wieder Krieg geben würde, nie wieder Unterdrückung. Daß niemand mehr wegen seiner Herkunft, seiner Hautfarbe oder seines Glaubens verfolgt werde. Daß jedermann in freier Selbstbestimmung sein Leben gestalten könne. Daß ein wenig von den Idealen der französischen Revolution Wirklichkeit werden könnte: Freiheit, Gleichheit, Brüderlichkeit.

Doch die gesellschaftliche Entwicklung verlief anders. Zwar blieb Europa von einem neuen Krieg verschont, nicht aber Asien, nicht Afrika. Zwar erkalteten die Verbrennungsöfen in den Vernichtungslagern der Nazis, aber es gab neue Lager für politisch Verfolgte. Zwar predigten Geistliche der beiden großen christlichen Religionen Versöhnung, aber sie verhinderten nicht das gegenseitige Morden von Katholiken und Protestanten in Nordirland. Zwar machte in den USA eine Bürgerrechtsbewegung mit Martin Luther King an der Spitze der Rassendiskriminierung formal ein Ende. Aber in Südafrika verfolgte weiter die weiße Minderheit mit ihrem Apartheid-Terror die schwarze Mehrheit.

Machtmißbrauch und Menschenverachtung regierten. Im Westen setzten sich wirtschaftliche Interessen über die Bedürfnisse der Gesellschaft hinweg. Im Osten herrschte weiter die Staatsdiktatur, die Macht des Apparats und der Apparatschiks. Es gab Aufstände gegen die neuen Unterdrücker, aber auch lange Zeiten der Ohnmacht, des Schweigens, der Unterwerfung. Zu beiden Seiten der deutsch-deutschen Grenze hatten wieder die Opportunisten Konjunktur.

Kurz nach dem Krieg waren die meisten Menschen in Europa gleich arm. Aber schon bald wieder hatten sich die riesigen Unterschiede verfestigt – Privilegierte und Unterprivilegierte, Eigentümer und Besitzlose, Einheimische und Flüchtlinge. Viele bauten auf, was dann wenigen gehörte. Die Solidarität der Notleidenden verging, die Jagd nach dem eigenen Vorteil begann. Und Westdeutschland mit seinem schnellen Wirtschaftswachstum brachte einen neuen Typ Mensch hervor: den Wohlstandsbürger, fett, gerissen.

Besitzgier siegte über Brüderlichkeit. Genuß galt mehr als Glauben. Lust verdrängte die Liebe. Freie Bahn dem Tüchtigen war in der modernen Industriegesellschaft angesagt, aber auch freie

Bahn dem Skrupellosen. Profitmaximierung ohne Rücksicht auf die Menschen und kommende Generationen. Ausbeutung der Welt bis zur Verwüstung. Umsatzsteigerung um jeden Preis. Kriminelle Kälbermast – mag auch der Kunde später verrecken.

Charles und Di/1981

Unter der Herrschaft der Superreichen breitete sich eine neue Mittelklasse aus, eine seelenlose Raffkegesellschaft, die der große jüdische Psychoanalytiker Erich Fromm einmal so beschrieb: „Gut genährt, gut gepflegt, wie Kühe in schönen Ställen, schön gereinigt – nur äußerst gelangweilt, fast bis zum Tode, weil es nichts anderes gibt, wonach man sich sehnt, was inneren Aufschwung gibt."

Punks/1981

Gegen diese Leere brach Ende der sechziger Jahre ein Aufstand der Nachkriegsgeneration los. Gegen alte Nazis. Gegen alte Stalinisten. Gegen die Verwischung politischer Gegensätze durch die Bonner Große Koalition. Gegen das Establishment. Gegen den Krieg der Amerikaner in Vietnam. Gegen reaktionäre Zeitungshetze. Empörung machte sich Luft gegen den übelsten Widerspruch der Zeit: Hier der Überfluß der Industriegesellschaft, dort das Elend der dritten Welt – mit 17 Millionen verhungerten Kindern in einem Jahr wie 1982.

Bhagwan in Oregon/1983

Studenten verspotteten verknöcherte Professoren mit dem Spruchband „Unter den Talaren der Muff von tausend Jahren". Junge Eltern propagierten eine „antiautoritäre Erziehung". Jungsozialisten riefen zur „außerparlamentarischen Opposition" auf. Hippies suchten ihr Seelenheil in Indien. Amerikanische Wehrpflichtige verbrannten ihre Einberufungsbescheide. Blumenkinder steckten Soldaten Nelken in die Gewehrläufe und riefen: „Make love, not war!"

New Yorker Discos/1984

Dem Aufbäumen folgte die Resignation. Vom Beginn der siebziger Jahre an flüchteten sich in immer schnellerem Tempo junge Menschen in die Traumwelt der Drogen und starben doch nur jämmerlich dahin. „Wenn es keine Visionen mehr gibt von etwas Großem, Schönem, Wichtigem, dann reduziert sich die Vitalität, und der Mensch wird lebensschwächer", beschrieb Erich Fromm den Zustand der Gesellschaft Ende der siebziger Jahre, als die Zahlen der Rauschgiftopfer und der Selbstmörder in immer beängstigendere Höhen kletterten.

Kurz vor seinem eigenen Tod 1979 war der alte Psychoanalytiker trotzdem nicht ohne Optimismus über die Zukunft: „Es bleibt die Hoffnung, daß die Menschen ihr eigenes Leiden erkennen, das

Gewalt und Fußball/1985

durch einen Mangel an Liebe hervorgerufen wird. Aus diesem Leiden heraus werden neue und starke Impulse zur Liebe erwachsen, und damit zum Leben."

Die gesellschaftliche Entwicklung der achtziger Jahre gab dem Propheten recht. Liebe zum Leben mobilisierte die weltweite Friedensbewegung, eine der mächtigsten und erfolgreichsten dieses Jahrhunderts. Was lange unmöglich erschienen war, rückte plötzlich in greifbare Nähe: Versöhnung zwischen den beiden hochgerüsteten Militärblöcken, Vernichtung der Massenvernichtungswaffen, Demokratisierung der Sowjetunion – nachdem noch 1968 der Prager Frühling mit Panzern niedergewalzt worden war.

Wie in der Friedensbewegung treten nun auch junge und alte Menschen in West und Ost gegen ein weiteres Schreckgespenst der Völker an: die Zerstörung der Welt durch Umweltverbrechen. Die Schlacht um das Überleben ist in vollem Gange, und sie muß um der Kinder und deren Kinder willen gewonnen werden.

Freiheit. Gleichheit. Brüderlichkeit. Ein Traum. Eine Chance.

WINFRIED MAASS

Moskau 1955. Bei Akkordeonspiel und Tanz vergnügen sich Moskowiter am bewaldeten Ufer der Moskwa. Außer Pärchen tanzen auch Frauen miteinander – zehn Jahre nach Kriegsende herrscht in der Sowjetunion ähnlich wie in Deutschland ein Mangel an Männern im heiratsfähigen Alter

HENRI CARTIER-BRESSON

China 1959. Eine 22jährige Facharbeiterin steht in der Mandschurei am Schalthebel des modernsten Walzwerkes im Fernen Osten. Ihr Monatslohn beträgt umgerechnet etwa 150 Mark. Die Kinder der Arbeiterinnen werden in werkseigenen Kindergärten erzogen. Auf dem Programm steht auch für die Kleinsten schon vormilitärische Ausbildung mit dem Holzgewehr

ROLF GILLHAUSEN

12. Februar 1951 : Persiens Schah Reza Pahlewi heiratet die deutschstämmige Prinzessin Soraya

19. April 1951 : Eröffnung der ersten internationalen Automobilausstellung in Frankfurt

29. April 1951 : Die erste Industriemesse wird in Hannover von Bundespräsident Heuss eröffnet

10. Juli 1951 : In Berlin wird das Luftbrückendenkmal enthüllt

China 1959. Sehnsüchtig betrachtet eine Chinesin im blauen Mao-Anzug Seidenstrümpfe in einem Schaufenster. Selbst wenn es sich nicht nur um Ausstellungsstücke handelte, könnte sich die Arbeiterin den kleinen Luxus von ihrem kargen Lohn kaum leisten. Die Führung in Peking hat die vertröstende Parole ausgegeben: „Arbeite zehn Jahre hart – lebe tausend Jahre glücklich“

ROLF GILLHAUSEN

Indien. In den siebziger Jahren suchen junge Europäer und Amerikaner auf der Flucht vor dem Stress der modernen Leistungsgesellschaft ihr Seelenheil auf dem Subkontinent mit seinen vielen Religionen und Gurus. Ekstatisch entspannt sich eine deutsche Anhängerin des Sektenführers Shree Rajneesh mit ihrem schottischen Freund in einem Wasserfall. Überall im Land trifft man Hippie-Familien, die sich – zumindest für einige Zeit – dem einfachen Leben verschrieben haben

JAY ULLAL
VOLKER KRÄMER (r.)

USA 1985. Abgeschirmt gegen die moderne Konsumgesellschaft leben im amerikanischen Bundesstaat Pennsylvania die Amish-People, Nachfahren der im 17. Jahrhundert in Süddeutschland und der Schweiz verbreiteten Mennoniten-Sekte. Die frommen Leute lehnen Radio und Fernsehen ab. Dafür stehen alte Handwerksberufe wie der Radmacher im Vordergrund – denn die Amish-People geben noch der Pferdekutsche den Vorzug vor dem Auto

JERRY IRWIN
ERIC J. ALBRECHT (r.)

14. März 1958: Schah Reza Pahlewi läßt sich wegen Kinderlosigkeit seiner Ehe von Soraya scheiden

26. Juli 1958: Der neunjährige Prinz Charles wird von seiner Mutter zum Prince of Wales ernannt

28. Oktober 1958: Papst Johannes XXIII. wird Nachfolger von Pius XII.

März 1959: Verkauf der ersten Hula-Hoop-Reifen in der Bundesrepublik

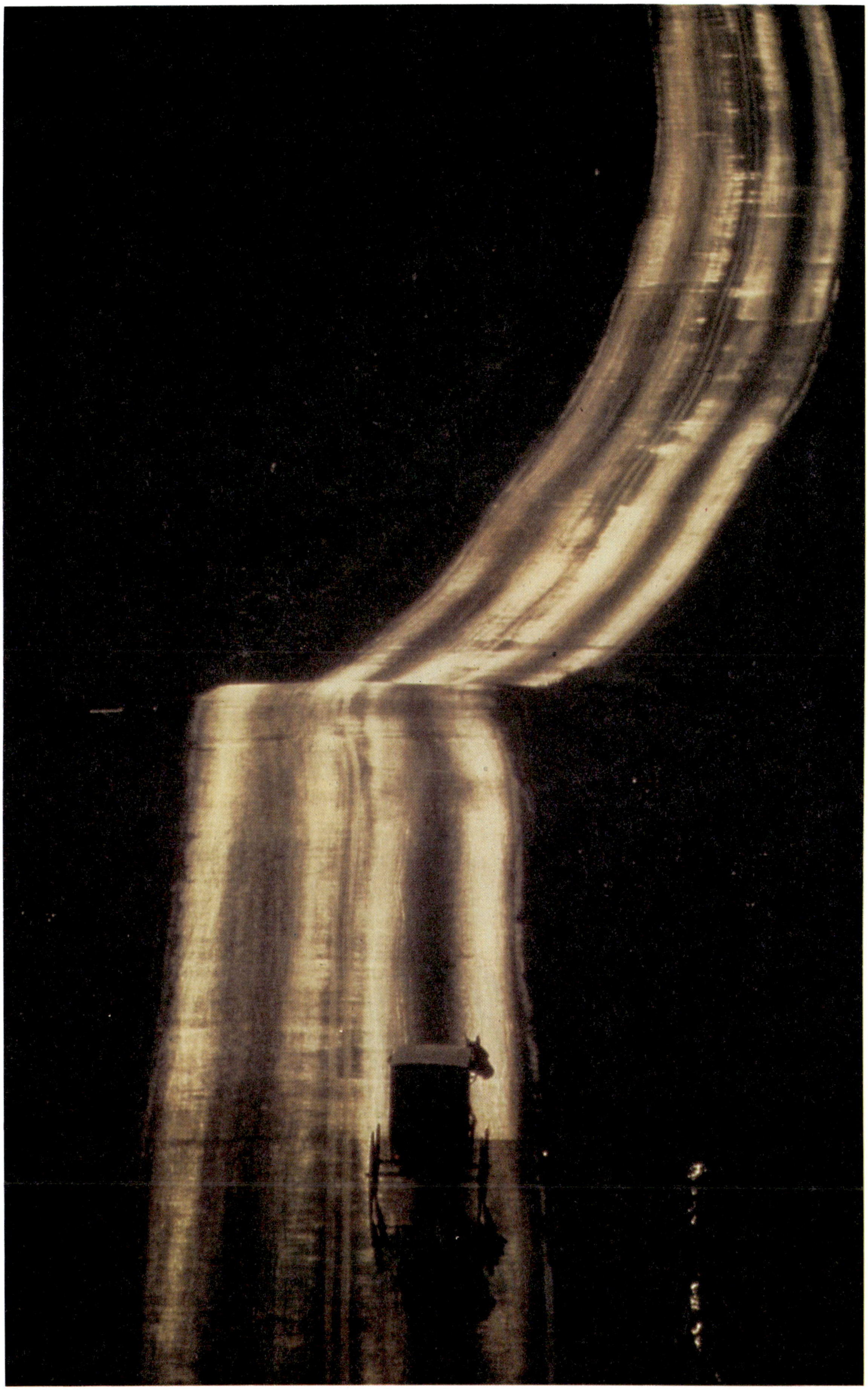

Paderborn 1983. Vor dem Königsschießen paradieren die Paderborner Schützen an ihrem Vorjahreskönig vorbei – wenn auch nicht unbedingt im gleichen Schritt und Tritt. In der Bundesrepublik beteiligen sich jedes Jahr 1,2 Millionen Schützen in 12 700 Vereinen am Schießen um die Königswürde. Ihre Aufmärsche ziehen über zehn Millionen Besucher an

ROBERT LEBECK

Marburg 1981. Im Verbindungshaus der „Landsmannschaft Nibelungia" zelebrieren Korpsstudenten auf dem Paukboden altväterliche Männlichkeitsrituale. Beim Zweikampf mit messerscharfen Klingen ist einem Paukant die Kopfhaut verletzt worden. Damit die Wunde zu einem „Schmiß" vernarbt, wird sie nur notdürftig genäht

JOST BÖSENBERG

8. August 1963: Beim spektakulären Postzugraub erbeuten Ronald Biggs und seine Komplizen 28,5 Millionen Mark

Sommer 1965: Beginn der Hippie-Bewegung in den USA

8. Dezember 1965: Ende des 2. Vatikanischen Konzils in Rom

10. März 1966: Die holländische Kronprinzessin Beatrix heiratet den deutschen Diplomaten Claus von Amsberg

Berlin 1982. Auf Kacheln und unter Neonlicht genießen die Gäste der Szenenkneipe „Mink" keimfreie Gemütlichkeit, wie es der Zeitgeist gerade verlangt

TOM JACOBI

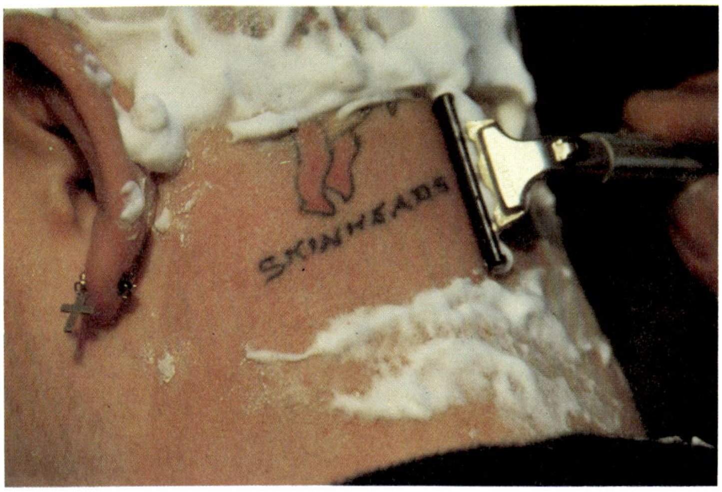

Belfast 1986. Ein Jugendlicher trägt im Nacken die Tätowierung „Skinheads". Die Bezeichnung für Kahlköpfe ist in ganz Europa zum Synonym für junge Rechtsradikale geworden

THOMAS HEGENBART

London 1986. Schrilles Paar in der Londoner Discothek „Limelight", die in einer ehemaligen Kirche eingerichtet wurde

STÉPHANE DUROY

September 1973: Carl Gustav XVI. wird König von Schweden

Winter 1974/75: Mit dem Film „Der Exorzist" erreicht eine Okkultismuswelle ihren Höhepunkt

Januar 1975: Das von der UNO proklamierte „Jahr der Frau" beginnt

19. November 1975: Juan Carlos wird König von Spanien

Großbritannien 1987. Zeitungsverkäufer vor Luxuskarosse mit Fotomodell beim Rennen in Ascot. Slumwohnung mit Einwandererfamilie aus Bengalen. Champagnerselige Jungunternehmer beim Galopprennen in Epsom und Gebrauchtkleidermarkt auf einem Abbruchgelände in Liverpool – nach acht Jahren Regierung Margaret Thatcher ist der Abstand zwischen reich und arm größer geworden

STÉPHANE DUROY
NETWORK (l.u.)
JAY ULLAL (r.u.)

Ende 1978: In der Bundesrepublik gibt es rund 50000 Drogensüchtige

November 1980: Zum erstenmal seit 198 Jahren besucht wieder ein Papst Deutschland

29. Juli 1981: Kronprinz Charles heiratet in London Lady Diana Spencer

Januar 1982: Erstmals gibt es in der Bundesrepublik mehr Katholiken als Protestanten

Saudi-Arabien 1987. Moderner Luxus und alte Traditionen prägen das Leben der Saudis, deren Wüstenstaat durch das Erdöl zu einer finanziellen Weltmacht wurde. Stolz präsentiert ein Falkner im Beduinengewand vor einem Rolls-Royce der Königsfamilie seinen abgerichteten Greifvogel

JEAN-CLAUDE FRANCOLON

Abschied von den Dogmen

Neue Chancen für die Weltpolitik

Es war damals so einfach, die Welt einzuteilen. Sie stand im Zeichen zweier Ideologien, die miteinander um die Vorherrschaft rangen. Die eine sah das Glück der Menschen durch den Egoismus kommen, die andere durch den Kommunismus. Die Verwalter dieser Ideologien, die Vereinigten Staaten und die Sowjetunion, ordneten die Dinge. Sie ordneten ein und ordneten unter, wie ihre Interessen es geboten. Hilflos verfolgte der Rest der Welt, wie die beiden Giganten begannen, einander mit ihren Heilslehren und mit immer furchterregenderen Waffen zu bedrohen. Damals, vor vierzig Jahren.

Stalins Tod/1953

Dann bekamen die Blöcke, und mit ihnen die Ideologien, Risse. Im Osten zerbrach der Glaube an das Gute im System, als die Volksaufstände in der DDR, in Ungarn und Polen blutig niedergeschlagen wurden. Der verzweifelte Versuch, das Gute durch mehr Liberalität zu retten, endete in der Tschechoslowakei unter den Panzerketten der Russen.

Im Westen trat das Land, in dem die Freiheitsstatue steht, die Freiheit anderer mit Füßen, wenn es Unordnung in seiner Hemisphäre fürchtete. Die USA stützten Diktatoren und stürzten Demokraten, in Guatemala, Nicaragua und El Salvador, in Brasilien, Paraguay und Chile. Sie betrachteten ganz Lateinamerika als ein riesiges Anhängsel ihrer Politik. In Vietnam verletzten amerikanische Militärs zivilisatorische Prinzipien, die zu Hause angeblich heilig waren. Und mit jedem CIA-Skandal, der an die Öffentlichkeit drang, verloren die Vereinigten Staaten ein Stück von ihrem Anspruch auf moralische Führung der Welt.

General de Gaulle/1958

Gab es keinen dritten, keinen neuen Weg? Fast schien es, als würde die Welt sich an ihre Spaltung gewöhnen, als sei das Ziel die „friedliche Koexistenz" in abgesteckten Einflußsphären. Im Sozialismus igelten sich die Menschen gegenüber den Apparatschiks ein, die ihnen nur Parolen diktierten, die Reise- und Redefreiheit nahmen und nicht in der Lage waren, ihre Untertanen mit dem Nötigsten zu versorgen. Im Kapitalismus büßten die Menschen für den hemmungslosen Konsum und die Vorzüge des individuellen Lebensstils mit sozialer Kälte, Vereinsamung und Langeweile. Die sich aufbäumenden neuen Ideologen, die rebellischen Studenten Ende der sechziger Jahre, verloren sich in Sekten, im terroristischen Untergrund oder auf dem langen Weg durch die Institutionen. Die Menschen flüchteten in Alkohol und Drogen und vor das Fernsehgerät, und ihre politischen Führer degenerierten zu blassen Technokraten, die zu Visionen nicht mehr fähig waren. Zur gleichen Zeit wurde die Welt komplizierter. Mehr als hundert Länder waren seit 1948 in die Unabhängigkeit entlassen worden. Sie waren gezeichnet vom Kolonialismus der Europäer, unterentwickelt und in künstliche Grenzen gezwungen. Nun klagten sie die wohlhabenden Nationen an. Sie kritisierten, daß die Industriestaaten sich bei ihnen billig mit Rohstoffen bedienten, die eigenen Märkte aber gegen Konkurrenz abschotteten. Die Milliarden-Kredite, mit denen die Habenichtse ihre Wirtschaft anzukurbeln versuchten, wuchsen zu einem riesigen Schuldenberg heran, der ihre Wirtschaft eher erdrückte. Nur bei UNO-Abstimmungen waren nicht mehr die reichen, sondern die armen Länder stärker. Der Ost-West-Konflikt verschwamm hinter dem Nord-Süd-Konflikt. Europa war schon lange nicht mehr der Mittelpunkt der Erde. Nun verloren auch Washington und Moskau ihre Funktion als geistige Pole. In den Entwicklungsländern wurden neue Fragen gestellt und neue Antworten gesucht. Die Religionen, die so oft totgesagt worden waren, gerieten dort zu einer geistigen und politischen Kraft. Katholische Bischöfe und Priester engagierten sich in Brasilien und El Salvador offen für die Menschen im Elend, und es entstand die „Theologie der Befreiung" – ein Versuch, den sozialen Umsturz aus der Bibel heraus zu begründen. Buddhistische Mönche führten in Südkorea und Tibet Demonstrationszüge an, wurden zu Kämpfern für Demokratie und nationale Würde. Im Iran entfesselte Ajatollah Khomeini die islamische Revolution, von der er glaubte, daß sie nicht nur den Moslems, sondern letztlich der ganzen Menschheit höhere Werte bringen werde als Atheismus und Materialismus.

Demokratie in Portugal/1974

Nichts stimmt heute mehr im vertrauten Gefüge. Es gibt Linke, die sich „konservativ", und Rechte, die sich „progressiv" nennen. China, geschockt durch das Chaos seiner Kulturrevolution, hat unter Deng Xiao-Ping als erstes sozialistisches Land das Dogma des Marxismus-Leninismus von der zentralen Planwirtschaft über Bord geworfen. Privatinitiativen sollen nun einen modernen Staat im 21. Jahrhundert schaffen helfen. Die Sowjetunion folgte unter Gorbatschow schon wenige Jahre später, und seitdem ist die Diskussion darüber entbrannt, ob der Sozialismus nun doch auf dem Weg zu seinem Glanz oder auf dem Weg in den Untergang ist. Die Verwirrung der Begriffe ist so groß wie nie zuvor. In Westeuropa, das immer mehr zusammenwächst, gilt Nationalismus

Botschaftsbesetzung in Teheran/1979

Mobilmachung gegen den Iran/1979

Corazon Aquino/1987

als Rückfall in die Vergangenheit. In Osteuropa, das 40 Jahre lang unter der Herrschaft des Kreml stand, erlebt er eine neue Blüte als die treibende Kraft zu mehr Freiheit und Selbstbestimmung.
Am Ende dieser vierzig Jahre dominiert die Orientierungslosigkeit. Es ist die Zeit, in der die großen Themen immer weniger von den Menschen diktiert werden als von den Entwicklungen, die durch Menschen einmal ausgelöst wurden und ihnen nun auf unheimliche Weise davonzueilen scheinen. Werden wir auch ethisch noch Schritt halten können mit den ungeheuren Prozessen, die wir mit der Atomkraft, der Computer- und Gentechnologie ausgelöst haben?
Wieder spüren die Menschen, wie vor vierzig Jahren, Angst vor der Zerstörung der Welt. Zwar haben die Supermächte erkannt, daß es sinnlos ist, die Rüstung endlos weiterzutreiben. Doch die Furcht vor dem letzten aller Kriege ist der Furcht vor den Folgen der Fortschritts-Ideologie gewichen, an die alle Systeme noch glauben. Denn der Fortschritt hat dazu geführt, daß Meere in Giftmüll ersticken, Wälder im Sauren Regen oder durch rücksichtslose Rodung sterben, die schützende Ozonschicht über uns zerreißt.
Das Wachstum der Wirtschaft, dem die Natur zum Opfer fällt, hält nicht Schritt mit dem Wachstum der Weltbevölkerung. 1948 waren es 2,4 Milliarden, 1968 schon 3,5 Milliarden. 1988 sind es mehr als fünf, im Jahr 2000 vermutlich sechs, im Jahr 2025 zwischen acht und elf Milliarden.
Der Streit darüber, wie die Menschen leben werden, ist nun der Streit, wie sie überleben können.

HANS-JOACHIM LÖWER

6. August 1945: Abwurf der ersten US-Atombombe auf Hiroshima

2. September 1945: Mit der Kapitulation Japans endet der Zweite Weltkrieg

24. Oktober 1945: Die Charta der Vereinten Nationen tritt in Kraft

15. August 1947: Nach über 300 Jahren Kolonialzeit wird Indien wieder unabhängig

Belgisch-Kongo 1960. Ein Kongolese entreißt dem am Vorabend der Unabhängigkeitsfeiern durch Leopoldville fahrenden belgischen König Baudouin den Degen

ROBERT LEBECK

6. Juni 1950: Polen und die DDR erklären die Oder-Neiße-Linie zur endgültigen Grenze

18. April 1951: In Paris wird der Vertrag über die Montan-Union unterzeichnet

25. Oktober 1951: Winston Churchill wird englischer Premierminister

10. September 1952: Bonn will Israel 3,43 Milliarden Mark Wiedergutmachung zahlen

Alabama 1958. Weiße Polizisten nehmen in Montgomery zum erstenmal den schwarzen Baptistenpfarrer und Bürgerrechtler Dr. Martin Luther King fest. Der spätere Friedensnobelpreisträger hat die Farbigen in den amerikanischen Südstaaten dazu aufgerufen, sich mit gewaltlosem Widerstand gegen Rassendiskriminierung zu wehren. Luther King setzt unter anderem durch, daß weiße und farbige Kinder in den öffentlichen Schulen Alabamas nicht mehr getrennt, sondern gemeinsam unterrichtet werden. Als Gouverneur George Wallace 1963 aus Protest gegen die Rassenintegration die Schulen in Birmingham schließen läßt, kommt es in der Stadt zu schweren Unruhen. Auf Intervention des US-Präsidenten müssen die Schulen wieder geöffnet werden. Fünf Tage später zünden Rassisten in einer von Schwarzen besuchten Birminghamer Kirche eine Bombe. Vier Kinder kommen ums Leben. Martin Luther King fällt 1968 einem Mordanschlag zum Opfer

CHARLES MOORE

USA. Drei Jahre lang repräsentieren Präsident John F. Kennedy und seine Frau Jackie die Weltmacht Amerika. Am 22. November 1963 fällt der Präsident in Dallas einem Attentat zum Opfer. Fünf Jahre später gilt sein Bruder Robert F. Kennedy als aussichtsreichster Bewerber um die Präsidentschaftskandidatur der Demokraten. Am 5. Juni 1968 liegt er sterbend auf dem Küchenboden eines Hotels in Los Angeles – ebenfalls Opfer eines Attentäters

MAX SCHELER (o.)
BILL EPPRIDGE

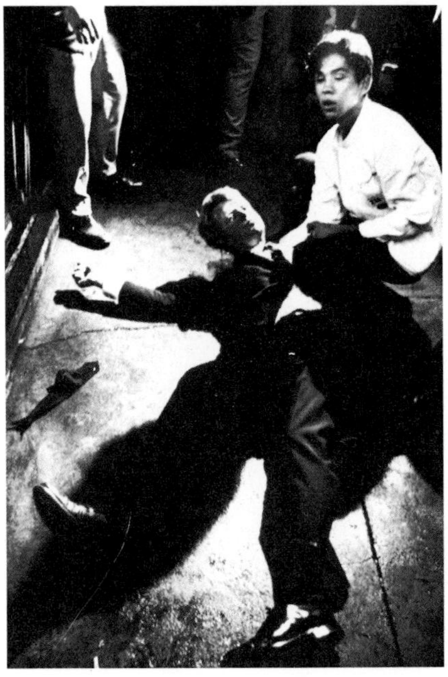

New York 1968. Die Präsidentenwitwe Jackie Kennedy und ihre Schwester Lee Radziwill am Sarg von Robert Kennedy, der in der St. Patricks Kathedrale aufgebahrt ist. Danach bringt ein Sonderzug die Trauergemeinde nach Washington zur Beisetzung auf dem Friedhof von Arlington

ROBERT LEBECK

25. März 1957: Die Römischen Verträge über die EWG werden unterzeichnet

März 1958: Das Europa-Parlament tritt erstmals in Straßburg zusammen

27. März 1958: Chruschtschow wird Ministerpräsident und ist damit erster Mann der UdSSR

1. Juni 1958: Charles de Gaulle wird französischer Ministerpräsident

8. Januar 1959: de Gaulle wird französischer Staatspräsident

15. September 1959: Chruschtschow besucht die USA

4. Januar 1960: In Kopenhagen wird der Vertrag über die „Kleine Freihandelszone“ (EFTA) unterzeichnet

9. November 1960: John F. Kennedy gewinnt die Präsidentschaftswahlen in den USA

China 1967. Seit zwei Jahren wird das Riesenreich von der „Kulturrevolution“ erschüttert, zu der Mao Tse-tung die Jugend aufgerufen hat. „Rote Garden“ demonstrieren für die totale Kollektivierung der Gesellschaft und entfesseln bürgerkriegsähnliche Zustände

MAX SCHELER

Wolgograd 1973. Auf dem Mamaihügel über der Stadt, die bis 1961 Stalingrad hieß, erhebt sich ein gigantisches Siegesdenkmal. Es soll daran erinnern, daß mit der Schlacht um Stalingrad im Winter 1942/43 der Vormarsch deutscher Truppen gestoppt wurde und der Krieg für Hitler verloren war

EBERHARD SEELIGER

Paris, Mai 1968. Die französische Hauptstadt erlebt die schwersten Unruhen seit hundert Jahren. Eine junge Frau mit roter Fahne ruft zur Revolution gegen Präsident Charles de Gaulle und die herrschende Klasse auf. Studenten bauen Barrikaden. Arbeiter streiken

MAX SCHELER

Griechenland 1967. Der STERN-Reporter Fred Ihrt fotografiert aus einer im Libanon gecharterten Piper Cherokee im Tiefflug die griechische KZ-Insel Jaros, auf der das in Athen an die Macht gelangte Obristen-Regime mehrere tausend politische Gegner gefangenhält. Die Insel ist militärisches Sperrgebiet: „Betreten und Überfliegen verboten. Auf verdächtige Objekte wird ohne Warnung geschossen!" Bevor die Bewacher ihre Geschütze gefechtsklar haben, ist die Maschine längst wieder abgedreht

FRED IHRT

19. Juni 1970: Edward Heath wird englischer Premierminister

24. Oktober 1970: Salvador Allende wird zum Präsidenten Chiles gewählt

26. Oktober 1971: Die Volksrepublik China wird UNO-Mitglied

26. Mai 1972: Nixon und Breschnew unterzeichnen das erste SALT-Abkommen

Kairo 1970. Ägypten trauert um seinen Präsidenten Gamal Abd al-Nasser. 16 Jahre lang führte der Sohn eines Postbeamten das Land am Nil. Zur Beisetzung kommen Vertreter nahezu aller Länder der Welt nach Kairo, darunter auch Kaiser Haile Selassie, der Negus von Äthiopien

MIHALY MOLDVAY

Peking 1977. Am ersten Jahrestag des Todes von Mao Tse-tung wird ein Mausoleum für den Mann eingeweiht, der über ein Vierteljahrhundert China beherrschte. Der Große Vorsitzende ruht in einem Sarg aus Kristall

KEYSTONE

Moskau 1982. Staats- und Parteichef Leonid Iljitsch Breschnew ist tot. 18 Jahre lang stand er an der Spitze der Sowjetunion. Offiziere tragen seinen Sarg gemeinsam mit (von links nach rechts) Ministerpräsident Nikolaj Tichonow, ZK-Mitglied Jurij Andropow, ZK-Sekretär Konstantin Tschernenko und Außenminister Andrej Gromyko

BORIS JURSCHENKO

Polen 1980. Streikende Arbeiter der Danziger Lenin-Werft setzen mit Unterstützung der katholischen Kirche und dem größten Teil der polnischen Bevölkerung bei der kommunistischen Regierung das Streikrecht und die Gründung einer unabhängigen Gewerkschaft durch

MARC BULKA

15. Dezember 1978: Die USA kündigen die Aufnahme diplomatischer Beziehungen mit China an

3. Mai 1979: Margaret Thatcher wird englische Premierministerin

15. Juni 1979: Carter und Breschnew unterzeichnen das SALT II-Abkommen

12. Dezember 1979: In Brüssel wird der NATO-Doppelbeschluß verabschiedet

Ägypten 1981. Während einer Militärparade in der Kairoer Trabantenstadt Nasser-City greifen Attentäter in Armeeuniform die Tribüne der Ehrengäste mit Gewehrschüssen und Handgranaten an. Der ägyptische Staatspräsident Anwar al-Sadat bricht von 15 Kugeln getroffen tot zusammen

GAMMA

Spanien 1981. Unter der Führung von Oberstleutnant Tejero stürmen rechte Putschisten in Madrid das vollbesetzte Parlament und halten 16 Stunden lang Regierung und Abgeordnete gefangen

EFE

Iran 1979. Der Ayatollah Khomeini ist aus dem französischen Exil zurückgekehrt. Bei seinem ersten öffentlichen Auftritt vor den Gräbern von Schah-Gegnern auf dem Friedhof Behesht Zahra bei Teheran verliert das Oberhaupt der Schiiten im Gedrängel begeisterter Anhänger seinen Turban

ROBERT LEBECK

Washington 1981. Der amerikanische Präsident Ronald Reagan und sein neben ihm stehender Pressesprecher James Brady werden bei einem Attentat des 25jährigen Psychopathen John Hinckles durch Kugeln verletzt. Auf dem ersten Foto blickt Reagan überrascht in die Richtung des Attentäters. Auf dem zweiten ist er in dem Moment zu sehen, als er einen Lungenschuß erleidet
RON EDMONDS

Sekunden nach dem Anschlag. Während sich Sicherheitsbeamte um den verletzten Präsidenten bemühen und den Attentäter festnehmen, ist Pressesprecher James Brady (im Vordergrund) mit einem lebensgefährlichen Kopfschuß zusammengebrochen. Er bleibt teilweise gelähmt. Auch zwei Leibwächter Reagans sind durch Schüsse verletzt

RON EDMONDS

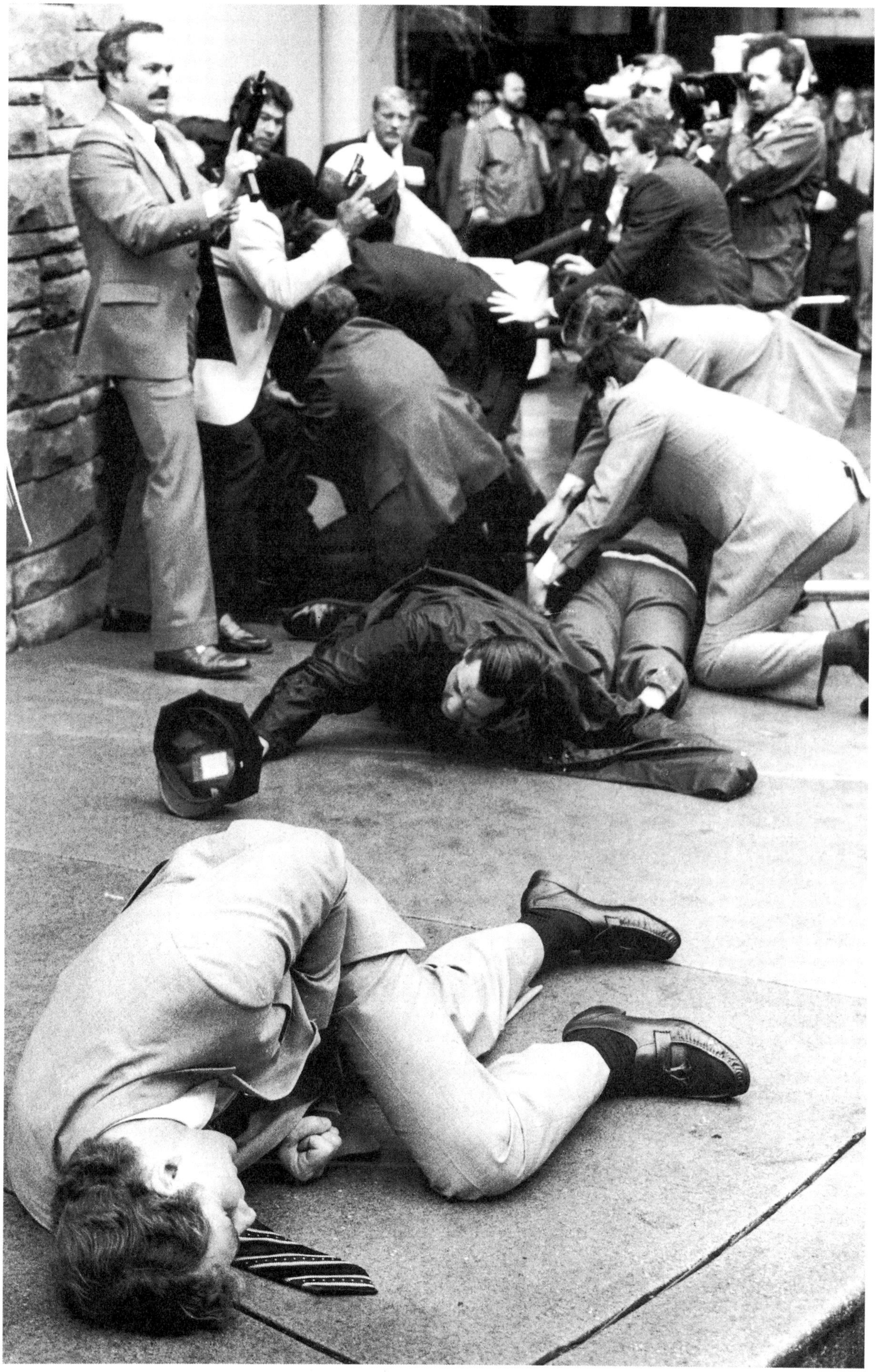

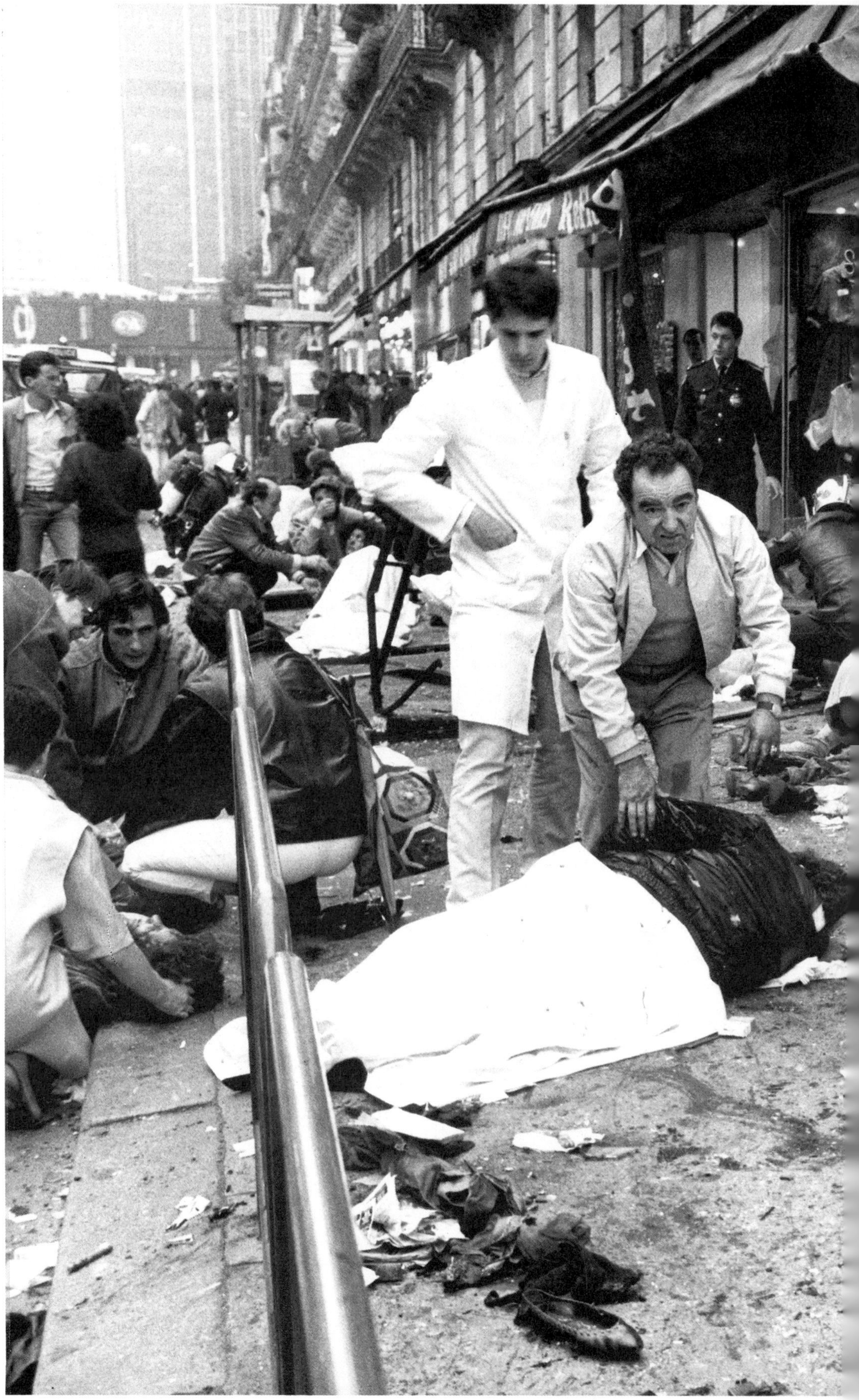

Paris 1986. Eine aus einem fahrenden Auto zur Haupteinkaufszeit in das Menschengewühl vor einem Kaufhaus geschleuderte Bombe hat die Rue de Rennes in ein Schlachtfeld verwandelt. Verletzt, schreiend, sterbend liegen 57 Menschen auf dem Pflaster der Geschäftsstraße. Die Verantwortung für den Mordanschlag, der insgesamt sechs Tote fordert, übernimmt ein „Solidaritätskomitee für die politischen arabischen Gefangenen"

SIPA

19. November 1985: Erstes Gipfeltreffen zwischen Reagan und Gorbatschow in Genf

9. Dezember 1985: In Argentinien werden gegen Mitglieder der ehemaligen Militärjunta hohe Strafen verhängt

1. Januar 1986: Spanien und Portugal werden Mitglieder der Europäischen Gemeinschaft

28. Februar 1986: Schwedens Ministerpräsident Olof Palme wird in Stockholm erschossen

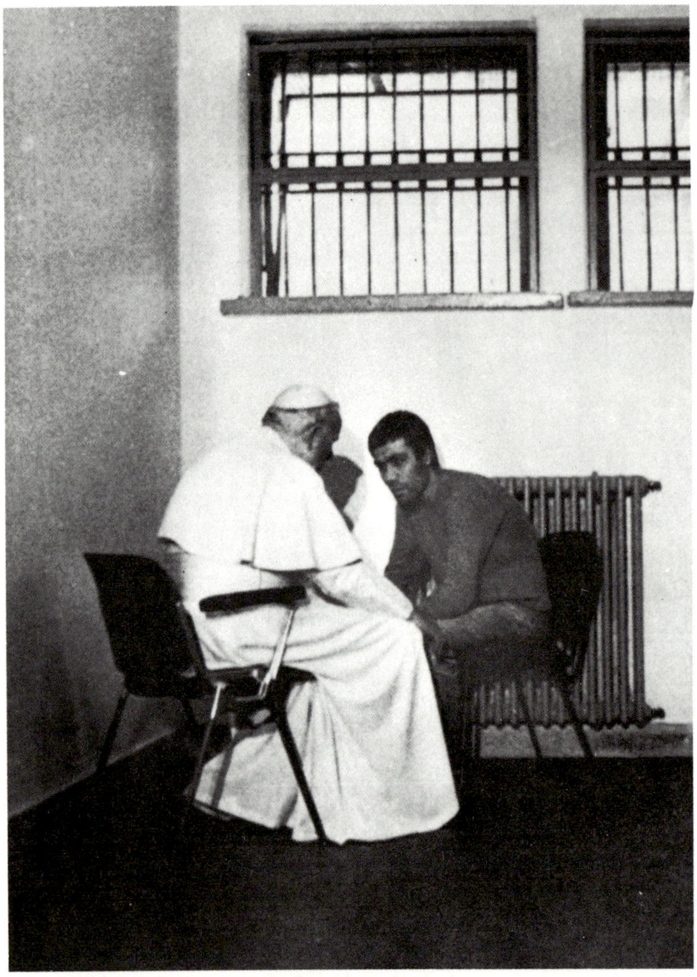

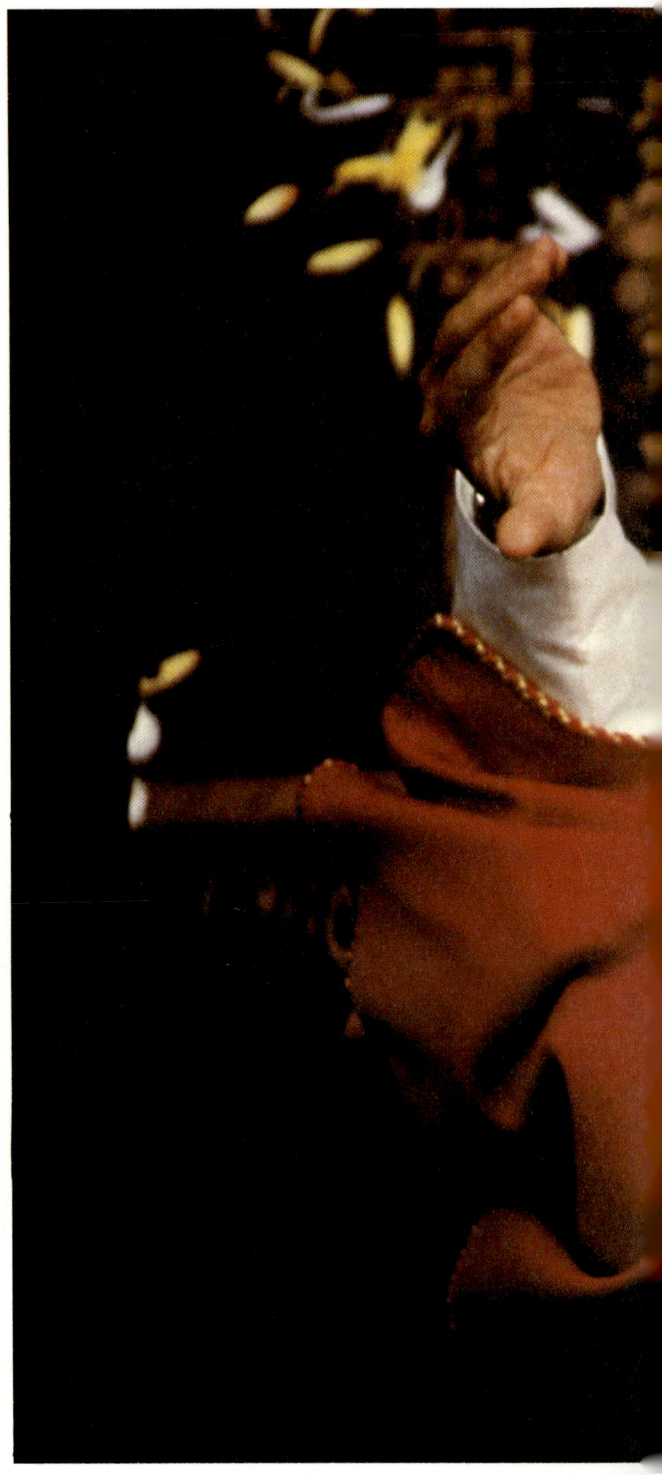

Rom 1983. Papst Johannes Paul II. vergibt im Rebibbia-Gefängnis dem Türken Ali Agca, der am 13. Mai 1981 auf dem Petersplatz einen Mordanschlag auf ihn verübte. Zwanzig Minuten lang sprechen beide Männer unter vier Augen. In die Kirchengeschichte wird Johannes Paul II. als der reisefreudigste Heilige Vater eingehen. Das Foto rechts zeigt den Oberhirten auf einer Empore in der spanischen Stadt Santiago de Compostela beim Segnen der Blüten, die Katholiken zu ihm hinaufwerfen

ARTURO MARI (o.)
GIANNI GIANSANTI

15. Oktober 1986: Teilabzug sowjetischer Truppen aus Afghanistan

November 1986: Beginn des Skandals um verdeckte Regierungsgelder für die Contras in Nicaragua

27. Januar 1987: Gorbatschow verkündet seine „Perestroika"-Politik

28. Februar 1987: Gorbatschow schlägt den USA ein Separatabkommen über Mittelstreckenraketen vor

Moskau 1987. Der 19jährige Mathias Rust landet am 8. Mai mit einer Cessna Skyhawk 172 auf dem Roten Platz. Ein sowjetisches Gericht verurteilt den Sportflieger aus Wedel bei Hamburg später zu fünf Jahren Arbeitslager. Er wird im August 1988 vorzeitig aus der Haft entlassen

LEHTIKUVA

22. Juli 1987: Gorbatschow bietet die globale Doppel-Null-Lösung an

18. September 1987: Die USA und die UdSSR einigen sich auf den Abbau aller Mittelstreckenraketen

8. Dezember 1987: Drittes Gipfeltreffen zwischen Reagan und Gorbatschow in Washington

August 1988: Waffenstillstand am Golf zwischen den kriegsführenden Staaten Irak und Iran

Das pauschale Abenteuer

Reisen, Expeditionen und die letzten weißen Flecken der Erde

Manche waren eben erst von Odysseen heimgekehrt, die bis nach Sibirien geführt hatten. Da zog es sie schon wieder fort aus grauer Trümmerstädte Mauer, diesmal in Zivil. Statt Panzer und Stukas benutzten sie Holzgas-Busse, Kradgespanne oder jene seltsamen Kleinstwagen, die allein die Sieger ihnen zu bauen gestatteten. Komische Zugvögel, die notfalls mit dem Radl über die Berge strampelten, Ersatzschlauch um den Hals.

Untergang der „Andrea Doria"/1956

Bis zur Währungsreform krochen sie notgedrungen bei Volksgenosen unter. Dann war kein Halten mehr. Italien wurde das erste Traumziel deutscher Nachkriegs-Touristen. Unter der Capri-Sonne fühlten sie sich wohl; bei Gastgebern, die auch auf einen Führer reingefallen waren. Dort spuckte man nicht vor ihnen aus wie anderswo in Europa.

Die deutsche „Wanderlust", Ausländern schwer begreiflich und daher unübersetzbar wie Blitzkrieg und Kindergarten, lief rasch zu großer Form auf – wie der Käfer, lange das Haupttransportmittel. Welch beispielloser Expansionsdrang. Schon 1951 ging es ins ferne Sizilien, drei Jahre später nach Mallorca, und im selben Jahr öffnete sich Jugoslawien den Ex-Besatzern. 1955 entstand die erste Charterflug-Gesellschaft. Touropa offerierte die Ziele Mallorca, Teneriffa, Ägypten und – Israel. Letztere Destination war ein Flop. Man flog lieber im Vickers Viking-Prop auf die Balearen, 16 Tage für 568 Mark.

Francis Chichester/1967

Den Boom des Flugpauschaltourismus allerdings machten zwei Versandhändler erst Mitte der sechziger Jahre möglich. Anfang der siebziger hob der erste vollgepferchte Charter-Jumbo in richtung Dritte Welt ab. Eine zweifelhafte Errungenschaft, die Sumpfblüten trieb wie Sex-Tourismus in Bangkok und Ethno-Sightseeing am Amazonas. Neuerdings landet man selbst an Plätzen, wo der Pfeffer wächst, etwa in Madagaskar.

Die „weiße Industrie" hat ihre Crashs gehabt, Pleiten, Skandale, Rezessionen und Konzentrationen. Prosperiert hat sie in vier Jahrzehnten wie sonst nur noch die Autobranche. Und wie das Auto war die Urlaubsreise vom Anbeginn ein Pfeiler des bundesdeutschen Gesellschaftssystems. So teuer sie die Volkswirtschaft kommt – vergangenes Jahr schleppten 20 Millionen Touristen über 45 Milliarden Mark ins Ausland –, sie rechnet sich für den Staat.

Die Möglichkeit, in nahezu alle Welt zu fahren, hat die Westdeut-

Fehmarnbelt-Brücke/1968

Jungfernflug des „Jumbo"/1970

Thor Heyerdahl/1970

schen gegen jede Idee vom Sozialismus dauerhafter immunisiert als das Geschwafel der Politiker von Freiheit und sozialer Gerechtigkeit. Man weiß, daß die von „drüben" uns um nichts so sehr beneiden wie um das 1951 eingeführte Dokument, das auf Seite drei den Vermerk enthält: „Für alle Länder".

Der Tourismus ist alles andere als ein Gleichmacher. Er hat Klassenschranken eingerissen, aber sofort neue aufgebaut. Seine ungeheure Diversifikation zeigt sich in jeder Abflughalle, wo Reisende nach Goldstrand stumm neben solchen sitzen, die Barbados gebucht haben. Selbst die ein gemeinsames Ziel haben, teilen sich bei Ankunft alsbald auf nach Billigquartieren, Mittelklassehotels und Luxusherbergen, zerfallen in gewöhnliche Teutonengriller, beflissene Kultourer, rekordversessene Trekker. Auch in Charterjets, wo wir bislang für ein paar Stunden gleich waren, hält jetzt First class Einzug. Reisen bedeutet Mobilität, auch vertikale.

Und dennoch, etwas haben alle Touristen gemein. Ihnen geht es, wirtschaftlich wenigstens, allemal besser als den Menschen der Regionen, die sie bevorzugt aufsuchen. Reisen ist ein staatserhaltendes Hobby. Wieder daheim, erkennt der Tourist sein Land recht eigentlich als beste der möglichen Welten, der es nur an Sonne mangelt. Wohl wahr, daß Reisen weniger bildet als vorhandene Vorurteile bestätigt, wie eine Untersuchung ergab.

Noch etwas eint Touristen aller Couleurs: niemand von ihnen möchte einer sein. Tourist, Massentourist gar, ist eine Art Schimpfwort, und das Synonym heißt Neckermann. „Touries" nennen Reiseleiter ihre Schäflein abfällig. Der Tourie ist immer der andere. Selbstredend absurd, denn jeder ist in einem fremden Land Fremdkörper und schafft qua Existenz Veränderungen, weckt Wünsche, verdirbt Sitten. Insofern ist alle Kritik am Tourismus hybrid, außer sie stammte von einem, der noch nie gereist ist.

Das Gezeter des Bildungsbürgers über den Massentourismus hat Hans Magnus Enzensberger in seiner „Theorie des Tourismus" schon vor 30 Jahren als das entlarvt, was es ist: die Unlust Begüterter, Ferienziel und heilige Kulturdenkmäler mit dem Plebs zu teilen. Wes Geistes Kind hier spricht, zeigt die (obendrein falsche) Vorstellung, Mallorca sei zu einer „Putzfraueninsel" degeneriert. Neueren Datums ist die sich fortschrittlich gebärdende Variante der Tourismuskritik, dargeboten von der travelnden Szene. Auch sie schützt Sorgen über den Erhaltungszustand der betroffenen Länder vor, speist sich aber mehr aus der Wut über die Tatsache,

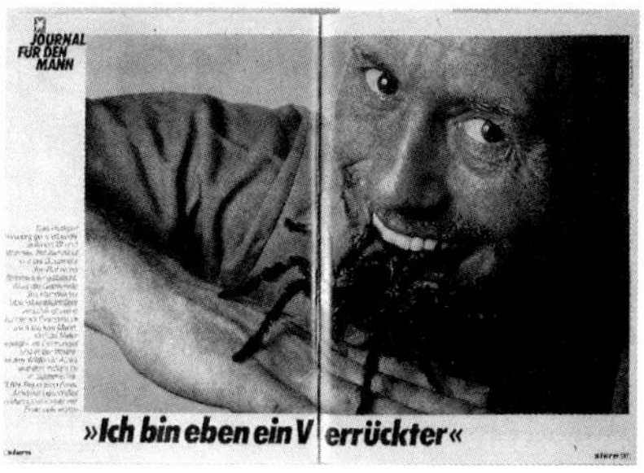

Rüdiger Nehberg/1983

daß den Freaks regelmäßig die Pauschalisten folgen. Worauf alles ein bißchen teurer wird in den vormaligen Oasen der Alternativos. Wer aber erlebt, was schon ein Häufchen Backpacker in mediterranen Dörfern anrichten kann – Joint in der Hand, Säugling an der Brust –, ist versöhnt mit jedem noch so scheußlichen Urlauber-Getto an den Küsten.

Jenen, die dort bei deutschem Bier und deutscher Sportschau hocken, gilt das hämische Bedauern aller Tourismuskritiker. Wie ahnungslos! Gewiß mag manchen ein Ort wie Benidorm als Vorhölle erscheinen, Millionen aber gefällt er. Für sie bedeutet Urlaub Rummel, nicht Ruhe. Abschalten, natürlich, und zwar den ewigen Trott aus Arbeiten, Fernsehen, Schlafen. Die meisten Urlaubszentren sind Vergnügungsparks, die aus Gründen des Klimas und des Wechselkurses im Süden liegen. Dort spricht man unter anderem Deutsh. Na und?

Die „Titanic"/1987

Der (west)deutsche Nachkriegstourismus, ein Kind des Wirtschaftswunders, steckt voller Ironien. Doch die findet man nicht in Arenal, Dubrovnik oder Maspalomas. Schon komisch, wie wir – Reinhold Messner und Rüdiger Nehberg sei Dank – zu immer abgelegeneren Plätzen aufbrechen, immer absurderen Urlaubsbeschäftigungen nachgehend. Für ein Heidengeld kräftezehrende Kanufahrten am Yukon-River absolvieren oder, dem Herzinfarkt nahe, an den Rand des Ngorongoro-Kraters kraxeln. Bei den Nachkommen der Kopfjäger im Langhaus auf Borneo übernachten. Zu Kriegswracks im Südpazifik hinabtauchen. Im australischen Outback bei 40 Grad im Schatten nach Gold schürfen. Dies alles, während die gewöhnliche Urlaubswelt immer komfortabler wird.

Die eigentliche, bittere Ironie aber besteht darin, wie beängstigend weit es die Deutschen gebracht haben in ein paar Jahrzehnten. Vom Outcast der Völker zum heftig umworbenen Devisenbringer, dessen Launen ganze Länder fürchten – eine deutsche Karriere. Die neuerliche Invasion rollt, und an ihren Brückenköpfen klebt das TUI-Signet. An Kenias Küste rufen die Strandhändler „Guten Tag, wie geht's?", im sowjetischen Badeort Sotschi lernen die Huren Deutsch. Vor den Dünenbunkern im dänischen Jütland sonnen sich die Söhne und Enkel der Wehrmachtssoldaten, die hier vor 50 Jahren in Stellung lagen. Auf einigen Bunkern steht die Sprühparole „Nie wieder Krieg". Auf deutsch, versteht sich.

Autobahnen/1988

WOLFGANG RÖHL

Ägypten 1963. Eine Karawane bundesdeutscher Touristen unterwegs zu antiken Sehenswürdigkeiten. Nach Jahren des Wiederaufbaus zieht es die Nachkriegsdeutschen in alle Welt hinaus
THOMAS HÖPKER

Indien 1962. Bundespräsident Heinrich Lübke und Ehefrau Wilhelmine vor der weltberühmten Grabstätte Tadsch Mahal. Dieses STERN-Foto von seinem Staatsbesuch war Lübkes Lieblingsbild. Er bat immer wieder um neue Abzüge

MAX SCHELER

Marrakesch 1964. Das Lattengerüst über einem Gang in den Sukhs der marokkanischen Königsstadt wirft ein seltsames Streifenmuster auf die Menschen zwischen den Verkaufsständen

PETER THOMANN

März 1955: Eröffnung des innerdeutschen Luftlinienverkehrs mit der Strecke Hamburg–München

1955: Die höchste Seilbahn Europas, die von Chamonix aus den Montblanc erreicht, wird eingeweiht

1955: Südlich von Los Angeles wird der Vergnügungspark „Disneyland" eröffnet

Mai 1956: Der Lhotse (8571 m) im Himalaya wird erstmals von einer Schweizer Expedition bezwungen

Sahara 1977. Mit „Rotels" karrt der bayerische Bus-Unternehmer Georg Höltl Pauschaltouristen durch die Wüste. Tagsüber sitzen die Sahara-Urlauber in einem Reisebus, nachts werden sie in schmalen Kojen ohne Klo und Klimaanlage untergebracht

HERBERT PETERHOFEN

Nordseeurlaub 1987. Auf Wangerooge formt ein Helmstedter Seehunde aus Sand, und auf Nordstrand wird zwischen zwei Schauern schnell ein Sonnenbad genommen

DOROTHEA SCHMID

Afrika 1973. Ein weißer Mann läßt sich im Norden Kameruns durch den Anblick schwarzer Frauen verwöhnen. Sie führen jede Woche den Touristen ihre Kulttänze vor, deren Sinn die Fremden kaum verstehen

MICHAEL FRIEDEL

Indien 1975. Das tägliche Gedränge auf der Howrah-Brücke, der einzigen Verbindung der Schwesterstädte Howrah und Kalkutta über den Hooghly-Fluß, illustriert Indiens Problem der Übervölkerung. In den 30 Jahren bis 1975 verdoppelte sich die Einwohnerzahl des Subkontinents auf 600 Millionen. Und es sieht aus, als ob es in weiteren 30 Jahren, also im Jahre 2005, bereits 1,2 Milliarden Inder geben wird
CORNELIUS MEFFERT

30. September 1964: Das letzte Teilstück der „Autostrada del Sol" von Mailand nach Neapel wird freigegeben

Oktober 1964: Anläßlich der Olympiade geht der Tokaido-Expreß (Tokio—Osaka) auf seine erste Fahrt

16. Juli 1965: Eröffnung des 11,6 Kilometer langen Montblanc-Tunnels

9. Januar 1966: Die „Europa" startet zu ihrer Jungfernfahrt von Bremen nach New York

Karibik 1981. Auf der Insel Tobago überwuchert Urwald eine hundertjährige Zuckerpresse. Auf Haiti erscheint ein Mann zum Karneval in der Maske des Polizeispitzels – mit einem roten Riesenklatschmaul und einem rosa Telefonhörer

MICHAEL FRIEDEL

Haiti 1981. Beim jährlichen Voodoo-Fest im Bergland von Haiti versammeln sich die Ärmsten der Armen unter einem gewaltigen Wasserfall. Er soll ihre Sorgen und Sünden fortwaschen
MICHAEL FRIEDEL

1972: Die Bundesbürger geben auf Auslandsreisen über 14 Milliarden Mark aus

1972: Der neue Rhein-Main-Flughafen in Frankfurt wird eröffnet

November 1974: Der erste Absturz eines Jumbo-Jets fordert bei Nairobi 59 Menschenleben

Dezember 1974: Der neue Hamburger Elbtunnel wird dem Verkehr übergeben

Himalaya 1978. Am 9. August bezwingt Reinhold Messner im Alleingang und ohne Sauerstoffgerät den 8126 Meter hohen Nanga Parbat. Auf dem Gipfel befestigt er eine Kamera auf seinem im Schnee steckenden Eispickel und stellt sich davor. Als der Selbstauslöser klickt, hat der Südtiroler sein Bravourstück auch fotografisch dokumentiert

REINHOLD MESSNER

19. Mai 1975: Die Japanerin Yunko Tabei besteigt als erste Frau den Mount Everest

197

21. Januar 1976: Der Linienflugverkehr mit dem Überschall-Jet „Concorde" wird eröffnet

1976: Abenteuerurlaube sind in diesem Jahr in Mode gekommen

1976: Jeder dritte Deutsche macht inzwischen Urlaub im Ausland

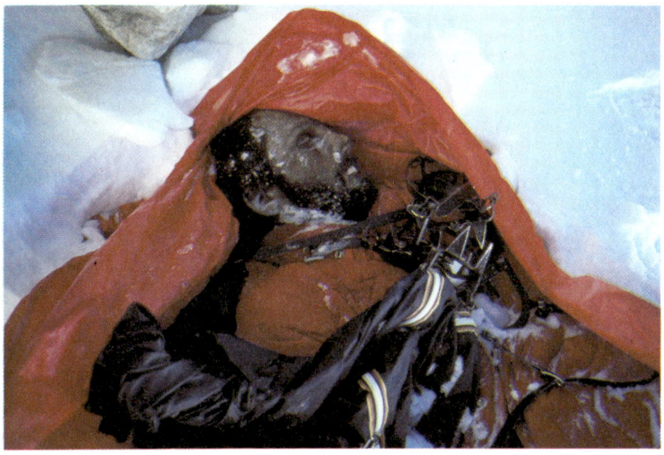

Himalaya 1984. Zwei österreichische Himalaya-Alpinisten kehren 1982 im Karakorum-Gebirge von einem Aufstieg auf den Gasherbrum II nicht zurück. Zwei Jahre später entdecken Messner und sein Begleiter Kammerlander einen von ihnen tot unter einer Plane im Eis. Er ist vermutlich im Schlaf erfroren. Auf seiner Brust liegen Steigeisen. Sie bestatten ihn in einer Gletscherspalte

REINHOLD MESSNER

Südsee 1982. In einem blumengeschmückten Boot holen 1982 Eingeborene Königin Elizabeth II. von ihrer Yacht „Britannia" an Land des Südseestaates Tuvalu.
Neuguinea: In Mount Hagen treffen sich alle zwei Jahre die Männer aus den umliegenden Dörfern mit Ahnenmasken über den Köpfen zum Stammesfest

TIM GRAHAM (o.)
TILL LEESER

8. Mai 1978: Reinhold Messner und Peter Habeler besteigen den Mount Everest ohne Sauerstoffgeräte

13. Juni 1978: Die Autobahnstrecke Flensburg—Kufstein wird dem Verkehr übergeben

17. August 1978: Drei Amerikanern gelingt die erste Atlantiküberquerung im Ballon

1978: 6,4 Millionen Deutsche haben dieses Jahr eine Reise im Reisebüro gebucht

Hawaii 1982. Bevor die christlichen Missionare kamen, trugen die jungen Mädchen auf Hawaii nur knappe Baströcke und sonst gar nichts. Zu folkloristischen Tänzen haben sie sie auch heute noch an — über westlichen Gewändern

MICHAEL MACINTYRE

Afrika 1984. Jedes Jahr einmal ist großes Wettfischen am Sokoto, einem Nebenfluß des Niger. Bevor die Jagd beginnt, opfern die Fischer Palmwein und Reis, um die Wassergeister bei guter Laune zu halten

DIETER BLUM

Januar 1980: In 44:06 Stunden gelingt David Springbett die schnellste Weltumrundung in Linienflugzeugen

5. September 1980: Eröffnung des mit 16,3 km längsten Straßentunnels der Welt, des St. Gotthardt-Tunnels

25. Mai 1981: Ein Stuntman klettert an der 110 Stockwerke hohen Fassade des Sears-Gebäudes in Chicago aufs Dach

7. Juli 1981: Der Amerikaner Stephen Ptacek überquert als erster mit einem Solarflugzeug den Ärmelkanal

Italien 1983. Keine andere Stadt gilt als so schön, so schmutzig, so arm und so kriminell wie Neapel. Und keine als lebenslustiger.
Eine junge Frau reagiert mit einem Lächeln auf einen anerkennenden Pfiff.
Im verseuchten Wasser des Hafens wird fröhlich gebadet – auch wenn das seit langem streng verboten ist

WILFRIED BAUER

Ganz Neapel ist eine einzige Bühne. Der fiedelnde Zigeuner mit seiner tanzenden Ente findet leichter sein Publikum als so manches brutale Fernsehprogramm. Vor einer Kirchenmauer geht noch der Hufschmied seinem alten Handwerk nach – nur einen Häuserblock entfernt vom hupenden und stinkenden neapolitanischen Verkehrschaos

WILFRIED BAUER

1985: 32 Prozent aller Bundesbürger machen Urlaub im eigenen Lande

1985: Die Einnahmen aus dem internationalen Reiseverkehr werden auf 120 Milliarden Dollar geschätzt

12. Februar 1986: Frankreich und Großbritannien unterzeichnen den Vertrag für den Bau eines Tunnels unter dem Ärmelkanal

März 1986: verstärkte Proteste der Umweltschützer gegen alpinen Skitourismus

Peking 1984. Ein Mann hält frühmorgens in einem Park Zwiesprache mit seinem Singvogel. Das Halten kleiner Haustiere, unter Maos Roten Garden viele Jahre als „bürgerlich" verfemt, ist eine alte chinesische Tradition. Wer auch sonst hört einem so geduldig zu wie ein Vogel, ein Goldfisch oder eine Grille?

THOMAS HÖPKER

Camping 1986. Auf dem Platz Stover Sand an der Elbe haben Wohnwagen die Zelte verdrängt. Ein Pärchen hat sich zum rollenden Urlaubsquartier eine Veranda mit Tüllgardine und Plastik-Windschutz gebaut. Ein anderes pflegt in seinem komfortablen Camping-Heim deutsche Volksmusik. An Werktagen steht Punkt 10 Uhr Frühsport auf dem Platzprogramm. Abends wartet dann in manchem Caravan ein märchenhaftes Himmelbett

RAINER JOEDECKE (l.o.)
SUSANNE FEYLL

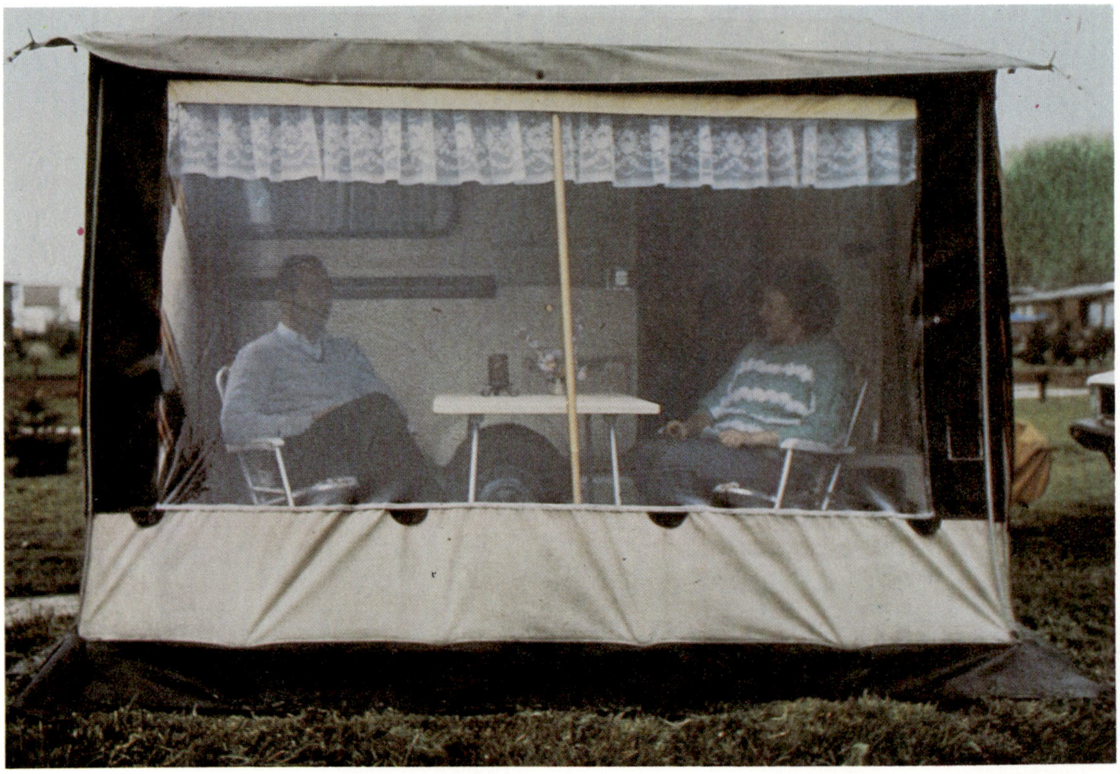

5. Juni 1988: Der hundertmillionste Passagier wird auf der Vogelfluglinie gezählt

Juli 1988: Nach einer Umfrage kommen 53 Prozent aller Deutschen unzufrieden aus dem Urlaub zurück

Sommer 1988: Verstopfter Himmel über Deutschland — 4,8 Millionen Urlauber fliegen pauschal in die Ferien

8. August 1988: Der Australier Greg Wright überlebt einen mißglückten Fallschirmsprung aus 3600 Metern Höhe

Die Opfer der Unbescheidenheit

Katastrophen und Verbrechen

Die Astronauten wußten, daß sie nur noch Sekunden zu leben hatten. Das Krachen der rechten Startrakete, die sich in die Raumfähre bohrte, und der Flammenschein des entzündeten Treibstoffs ließen geschulte Raumfahrer nicht im Zweifel, daß die Katastrophe da war. Von Michael Smith, dem Piloten der „Challenger", zeichnete der Sprach-Recorder ein langgezogenes „Uooh" auf , bevor 73 Sekunden nach dem Start die Stromversorgung abriß.

Doch die zwei Frauen und fünf Männer überlebten die Explosion am 26. Januar 1986, wie die Nasa heute weiß. Kommandant Francis Scobee öffnete das Ventil der kleinen Sauerstoff-Flasche an seinem Sitz, die bei einem Fehlstart die Flucht von der brennenden Startrampe ermöglichen sollte. Michael Smith kam an seine Flasche nicht heran und mußte sich von Judith Resnik, der hinter ihm sitzenden Kollegin, helfen lassen. Doch die Sauerstoff-Reserve, ausreichend für sechs Minuten Leben, rettete die Astronauten nicht. Sie wurden bewußtlos, als sie mit ihrem zertrümmerten Cockpit, vom eigenen Schwung getragen, in die Stratosphäre emporschossen. Ab 19000 Meter Höhe wird die Luft so dünn, daß schon die Körperwärme ausreicht, das Blut zum Sieden zu bringen. Gasblasen wallen in den Adern auf und blockieren die Blutzufuhr zum Hirn.

Die Katastrophe von Fréjus erschüttert die Welt

Staudammbruch in Fréjus/1959

Die große Flut

Hamburger Flutkatastrophe/1962

Meine Mutter hat mir alles erzählt

Meine Mutter hat mir nichts erzählt

Prozeß gegen Vera Brühne/1962

Die Astronauten starben beim harten Aufprall auf den Atlantik, zwei Minuten nach der Explosion. Taucher der Nasa fanden die Toten, noch angeschnallt, im Cockpit auf dem Meeresgrund. Den Ablauf des Unfalls rekonstruierte die Nasa minuziös aus Tausenden Fotos und den aus dem Meer geborgenen Trümmerteilen.

Es war eine Katastrophe, die Millionen Menschen ergriff. Concord, ein Städtchen von 30000 Einwohnern im US-Bundesstaat New Hampshire, trauerte um seine Lehrerin Christa McAuliffe, die den Amerikanern Schulstunden aus dem All geben wollte. Statt dessen sahen ihre Schüler die wieder und wieder im Fernsehen übertragene Wasserstoff-Explosion, die die erste Schulstunde aus dem Weltraum abrupt beendete.

Es war eine Stimmung wie nach dem Untergang der „Titanic" vor 74 Jahren.

Im selben Jahr starben 400 Menschen bei einer Kollision zweier Schiffe im Schwarzen Meer, 9000 auf deutschen Straßen und 1500 bei einem Ausbruch von Kohlendioxid aus einem Vulkan in Kamerun, Afrika. Die schwarzen Bewohner waren auf die Gefahr

Das Wunder von Lengede/1963

aus der Tiefe überhaupt nicht vorbereitet. Sie wurden im Schlaf von dem geruchlosen Gas überrascht, das schwerer ist als Luft und sich — ähnlich dem Wasser — in Vertiefungen sammelt. An diesen Stellen wurde die natürliche Luft verdrängt, und die Menschen erstickten.

Noch fordern Naturkatastrophen mehr Opfer als die „Betriebsunfälle" der Zivilisation. Erdbeben, Sturmfluten und Wirbelstürme töten Zehntausende — meist in der dritten Welt, wo die Häuser leichter und die Deiche niedriger sind. Die rapide anwachsende Zahl der Erdbewohner macht das Öko-System empfindlicher. Der Nil tritt seit Jahrtausenden in regelmäßigen Abständen über seine Ufer. Doch heute leben so viele Menschen an seinen Ufern, daß ein längerer Dauerregen eine Million Menschen obdachlos machen kann (wie August 1988 im Sudan).

Das Gegenteil erlebten die Amerikaner im Sommer 1988 — eine außergewöhnlich heiße und langanhaltende Dürreperiode. Der Mais vertrocknete auf dem Halm; Vieh mußte notgeschlachtet werden. Unter den vor dem Ruin stehenden Farmern im Mittelwesten ging die bange Frage um: Sind wir die Opfer der seit Jahren vorausgesagten „Klima-Katastrophe"?

Kaufhausbrand in Brüssel/1967

Klimatologen machen eine simple Rechnung auf: Je mehr fossile Brennstoffe auf der Erde verheizt werden, desto mehr Kohlendioxid sammelt sich in der Atmosphäre. Das Gas läßt die Sonnenstrahlen zur Erde passieren, blockiert aber die Rückstrahlung. Ergebnis: Die Erde wird wärmer.

Schon eine durchschnittliche Temperaturerhöhung um zwei oder drei Grad, erklärten die Wissenschaftler, hat klimatische Umwälzungen auf dem Planeten zur Folge. Eine weltweite Ausbreitung der Wüsten ist nur eine der möglichen Konsequenzen. Zu stoppen ist der Wärme-Trend nur durch konsequente Reduzierung des Brennstoff-Verbrauchs — letztlich also durch Energieeinsparung.

Charles Manson-Prozeß/1969

Ähnlich aussichtslos ist der Kampf gegen ein anderes Zivilisationsübel — die Flut von Verbrechen, die alle westlichen Länder überspült. In den vergangenen 20 Jahren hat sich die Zahl der jährlich gemeldeten Straftaten in der Bundesrepublik auf 4,5 Millionen verdoppelt — bei etwa gleichbleibender Einwohnerzahl. In Berlin, der Hauptstadt der Subventionen, ist es Dunkelmännern gelungen, „soviel Kapital anzuhäufen, daß ein leistungsfähiges Berufsverbrechertum entstanden ist", beschreibt Kripo-Experte Dieter Schenk die Lage.

Die Masse der Eigentumsdelikte sind allerdings kunst- und planlose Wohnungseinbrüche, Autoaufbrüche und Klauereien im Supermarkt — die Spur der Rauschgiftwelle. Drogenabhängige benötigen 300 bis 500 Mark, um ihre tägliche Ration Gift zu finanzieren. Das setzt ein stattliches Monatseinkommen von 12000 Mark voraus — zuzüglich Unterhaltskosten. Solche Summen lassen sich nur durch bienenfleißige Einbruchtätigkeit aufbringen.

Die Zahl läßt zugleich ahnen, welche Reichtümer sich in den Taschen der Rauschgift-Dealer ansammeln. Vom Kokain-König Carlos Lehder in Kolumbien wird berichtet, daß er seiner Regierung angeboten habe, die gesamten Auslandsschulden des Staates — rund fünf Milliarden Dollar — zu regulieren, wenn die Regierung ihn in Ruhe lasse. Sie ließ ihn nicht.

Getty-Entführung/1973

Allein schon wegen der massenhaften Kleinkriminalität, die jede Polizei überfordert, wächst der Druck auf die Regierungen, den Handel mit Rauschgift freizugeben oder ersatzweise Methadon auszuteilen. Der Materialwert von Heroin und ähnlichen Drogen ist lächerlich gering. Wäre das Gift legal erhältlich, so würde die Tagesration nur fünf bis zehn Mark kosten. Die „Beschaffungskriminalität" verlöre ihren Motor — und die Rauschgiftkönige ihre immensen Einnahmen.

Fasnet-Regatta/1979

Natürlich wäre das eine Kapitulation vor der Drogensucht. Doch auf einen Sieg können die Behörden nicht mehr hoffen, resignierten Kenner der Szene. Der Fernseh-Reporter Dagobert Lindlau schätzt in seinem Bestseller „Der Mob", daß in der Bundesrepublik jedes Jahr 50 Tonnen harter Drogen „von hochorganisierten, abgeschotteten, hierarchisch gegliederten und konspirativ und arbeitsteilig vorgehenden kriminellen Organisationen unter der Nase von einem Heer von Strafverfolgern importiert und verteilt wird". Bestenfalls ein paar hundert Kilogramm davon erwischen sie.

Kronzucker-Entführung/1980

In Amerika raten einzelne Experten dazu, sich mit dem Drogenproblem abzufinden. Allzu viele Menschen sind offenbar nicht mehr in der Lage, das Leben in unserer übervölkerten und vergifteten Welt ohne andauernde Betäubung durchzustehen — eine selbstverschuldete soziale Katastrophe, mit der die Menschheit zusätzlich zu den natürlichen und zivilisatorischen Katastrophen fertig werden muß.

PETER THOMSEN

Juni 1948: 3000 Tote nach einem Erdbeben auf der japanischen Insel Hondo

August 1949: Bei einem Erdbeben in Ecuador sterben über 8000 Menschen

September 1954: Ein Taifun über Japan fordert mehr als 2000 Todesopfer

11. Juni 1955: Beim 24-Stunden-Rennen in Le Mans rast ein Wagen in die Menge; 85 Menschen sterben

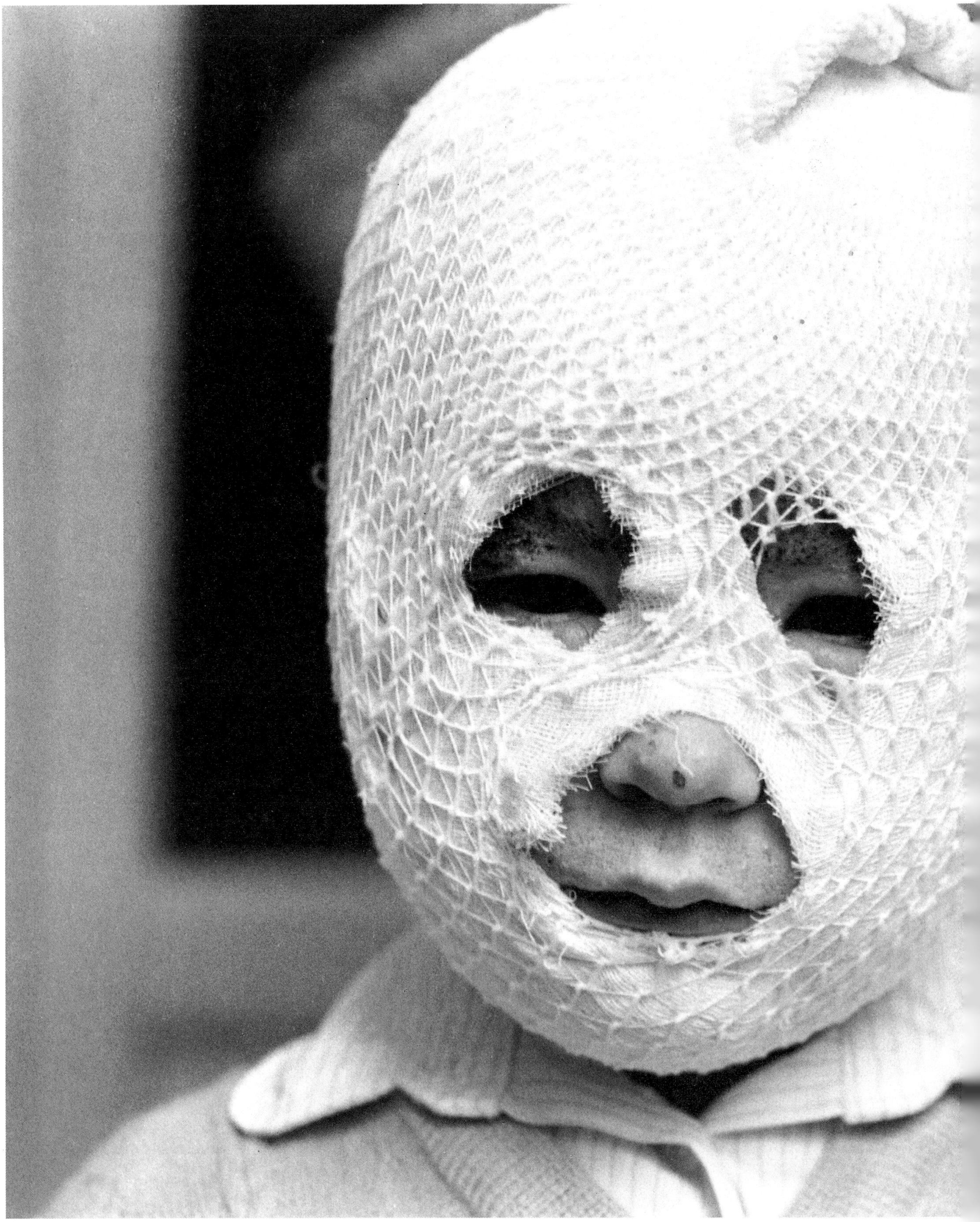

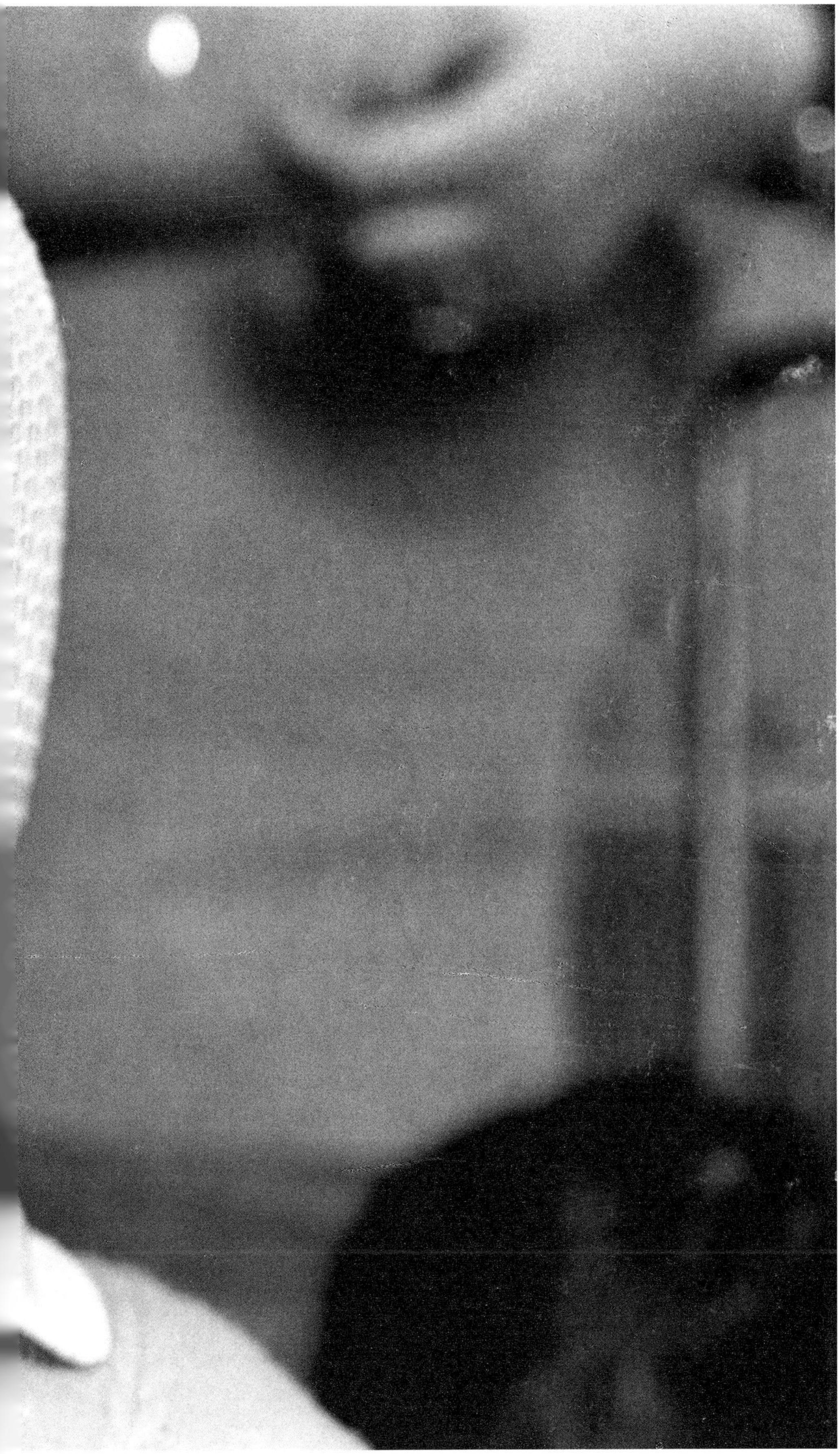

Italien 1976. Die vierjährige Alice Senno gehört zu den Opfern einer Explosion in der Chemiefabrik „Icmesa", einer Tochterfirma von Hoffmann-La Roche in Seveso, bei der am 10. August große Mengen des Giftes TCDD (Dioxin) freigesetzt wurden. Alices Haut bedeckte sich mit entzündeten Pusteln. Nach einer Gesichtsoperation muß das Kind eine schützende Mullkapuze tragen. Mehrere tausend Einwohner Sevesos wurden verseucht

FRED IHRT

Dezember 1959: Beim Bruch eines Staudamms sterben im französischen Fréjus über 400 Menschen

29. Februar 1960: Bei einem Erdbeben in der marokkanischen Stadt Agadir sterben über 11000 Menschen

Mai 1960: Der Amerikaner Caryl Chessman wird zwölf Jahre nach seiner Verurteilung wegen Mordes hingerichtet

Dezember 1960: 128 Tote beim Zusammenstoß zweier Passagierflugzeuge über New York

Holland 1953. Deichbruch in der Provinz Seeland. Bei einer schweren Sturmflutkatastrophe ist in der Nacht zum 1. Februar ein Sechstel der Niederlande überschwemmt worden. Über 1800 Holländer und 15000 Stück Vieh ertranken. 175000 Hektar Ackerboden bleiben auf Jahre hinaus unbrauchbar. Der Schaden wird auf 3 bis 5 Milliarden Mark geschätzt. Große Verwüstungen und viele Todesopfer fordert die Sturmflut auch in England

ABC PRESS

Island 1973. Beim Ausbruch von zwei Vulkanen auf der Insel Heimaey vor der isländischen Küste wird die Stadt Vestmannaeyjar von Lava und Aschenregen verschüttet. Die 5500 Einwohner fliehen auf die Hauptinsel

FRED IHRT

Italien 1983. Der Journalist Mario Francesco ist auf offener Straße erschossen worden. Er hatte sich durch seine Artikel und Recherchen bei der Mafia unbeliebt gemacht
GAMMA

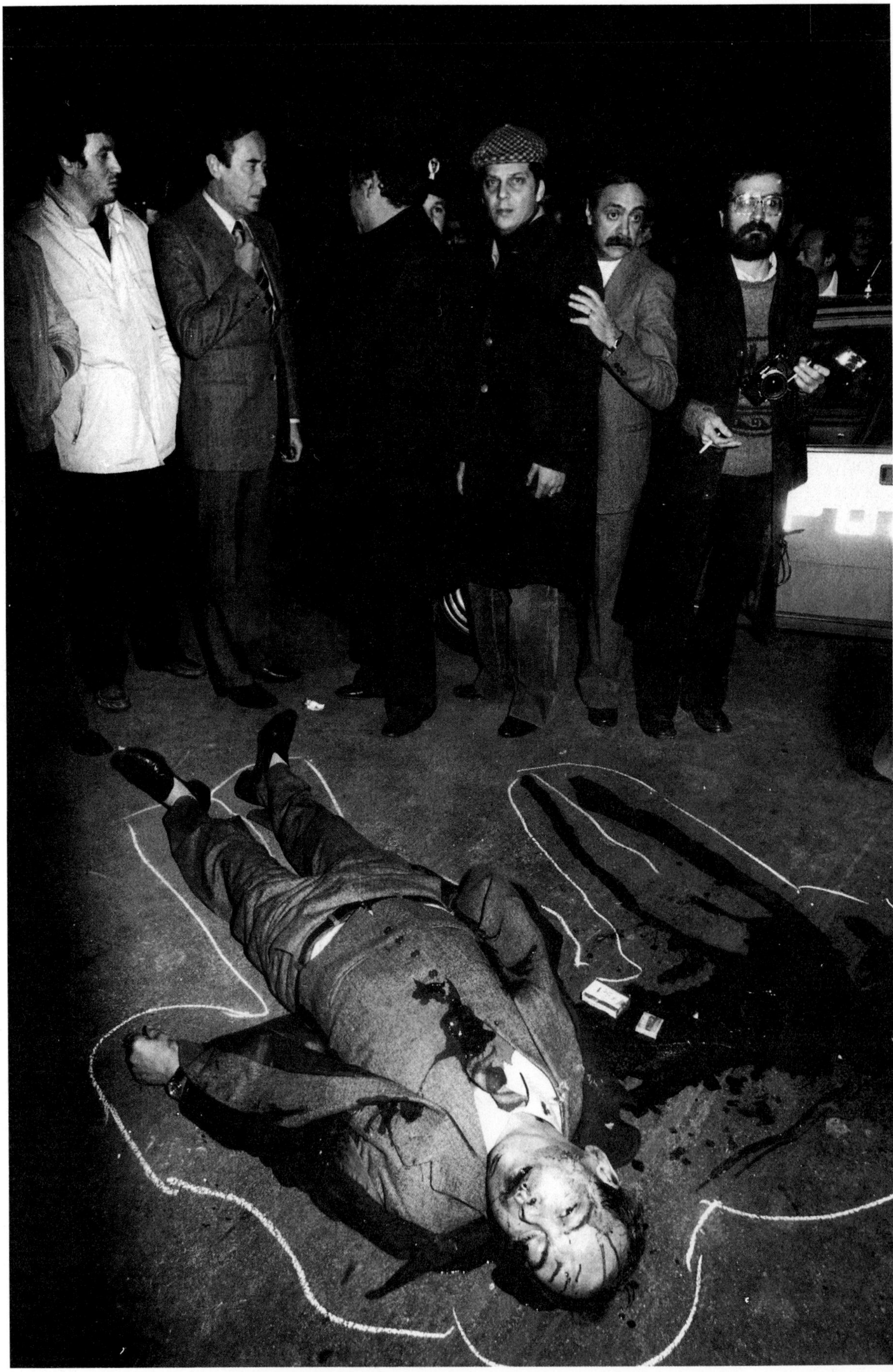

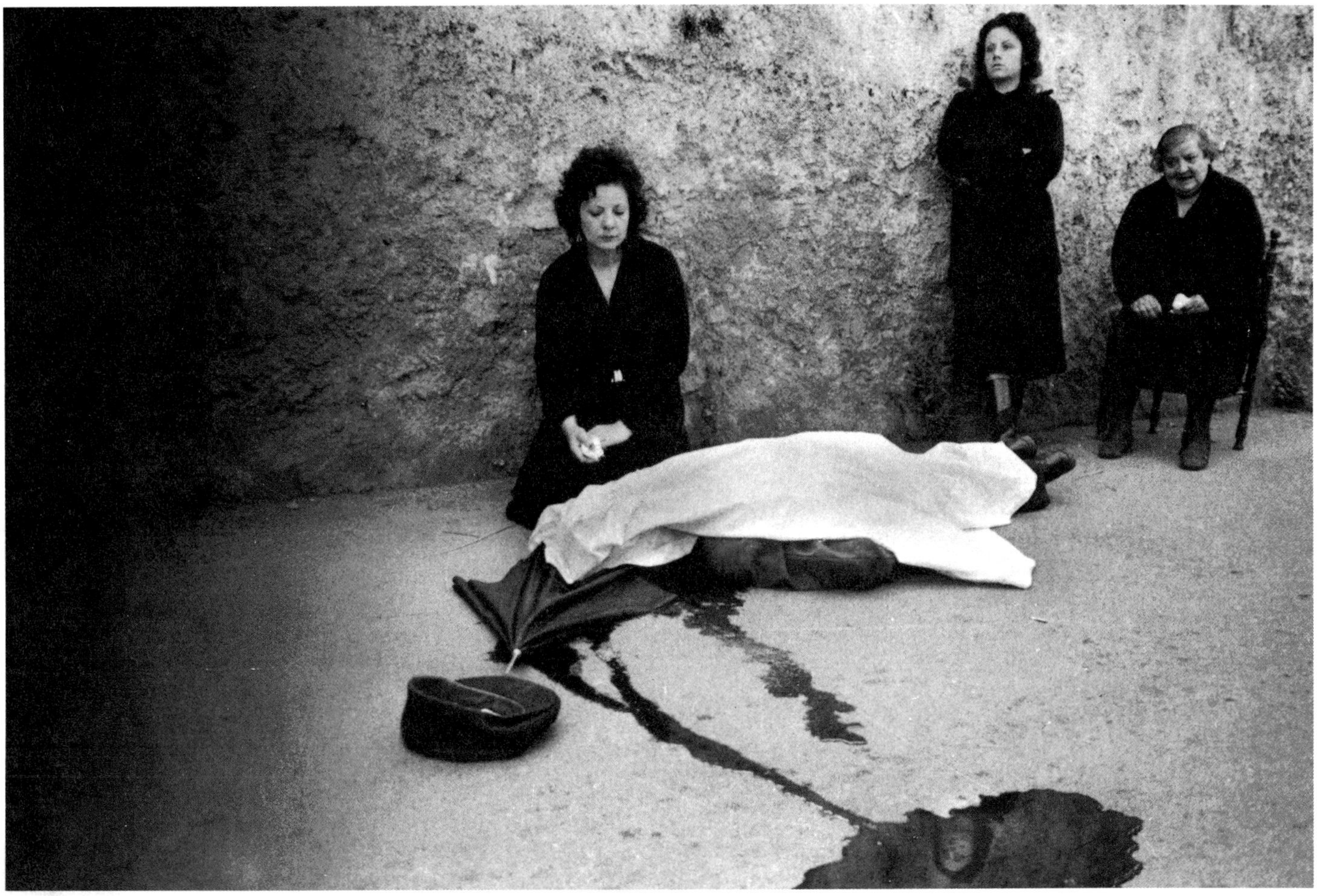

Italien 1982. In der Nähe von Palermo fällt der Aufseher Benedetto Grado dem Krieg zwischen zwei Mafia-Clans zum Opfer. Seine Frau und seine beiden Töchter tragen am Tage des Mordes bereits Schwarz – denn erst ein halbes Jahr zuvor hatten Mafiosi einen Sohn des Aufsehers umgebracht.

FRANCO ZECCHIN

Duisburg 1979. Ängstlich verbirgt der Hilfsarbeiter Joachim Kroll in der Anklagebank des Schwurgerichts Duisburg sein Gesicht. Er machte als „Massenmörder vom Rhein" Schlagzeilen. Neun Menschen soll er ermordet haben. Kroll hatte zuletzt ein kleines Mädchen in seine Wohnung gelockt, vergewaltigt, umgebracht, zerstückelt und die Leichenteile dann gekocht

WERNER EBELER

USA 1979. Drogenfahndung im kalifornischen Zuchthaus St. Quentin. Die Häftlinge müssen sich nackt ausziehen und den After auf verstecktes Rauschgift untersuchen lassen

PERRY KRETZ

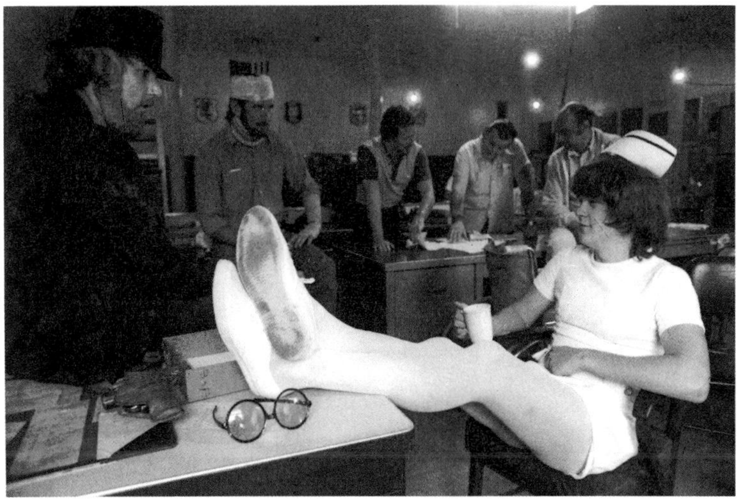

New York 1973. Mitglieder der zivilen Polizeitruppe „Anti Crime Unit" jagen im Central Park einen jungen Straßenräuber. Die Fahnder tarnen sich als Rollstuhlfahrer, Betrunkene oder auch – wie der Polizist Jürgen Krauss – als Krankenschwester. Jugendliche Wegelagerer, die sich an ihnen zu vergreifen versuchen, erleben ihr blaues Wunder

PERRY KRETZ

März 1974: Beim Absturz einer DC 10 in der Nähe von Paris sterben alle 344 Insassen

September 1975: 3000 Tote bei einem Erdbeben in der Türkei

1. November 1975: Der Regisseur Pier Paolo Pasolini wird von einem 17jährigen erschlagen

Januar 1976: Schwere Sturmflut an der deutschen Nordseeküste mit 40 Toten

Guyana 1978. Auf Befehl ihres Führers Jim Jones verüben 923 Mitglieder der Sekte „Tempel des Volkes" in ihrer Urwaldkommune gemeinsam Selbstmord. Sie sterben an einer tödlichen Mixtur aus Zyankali, schmerzstillenden Mitteln und Fruchtsaft. Die Sekte war aus den USA nach Guyana ausgewandert

MATHEW NAYTHONS

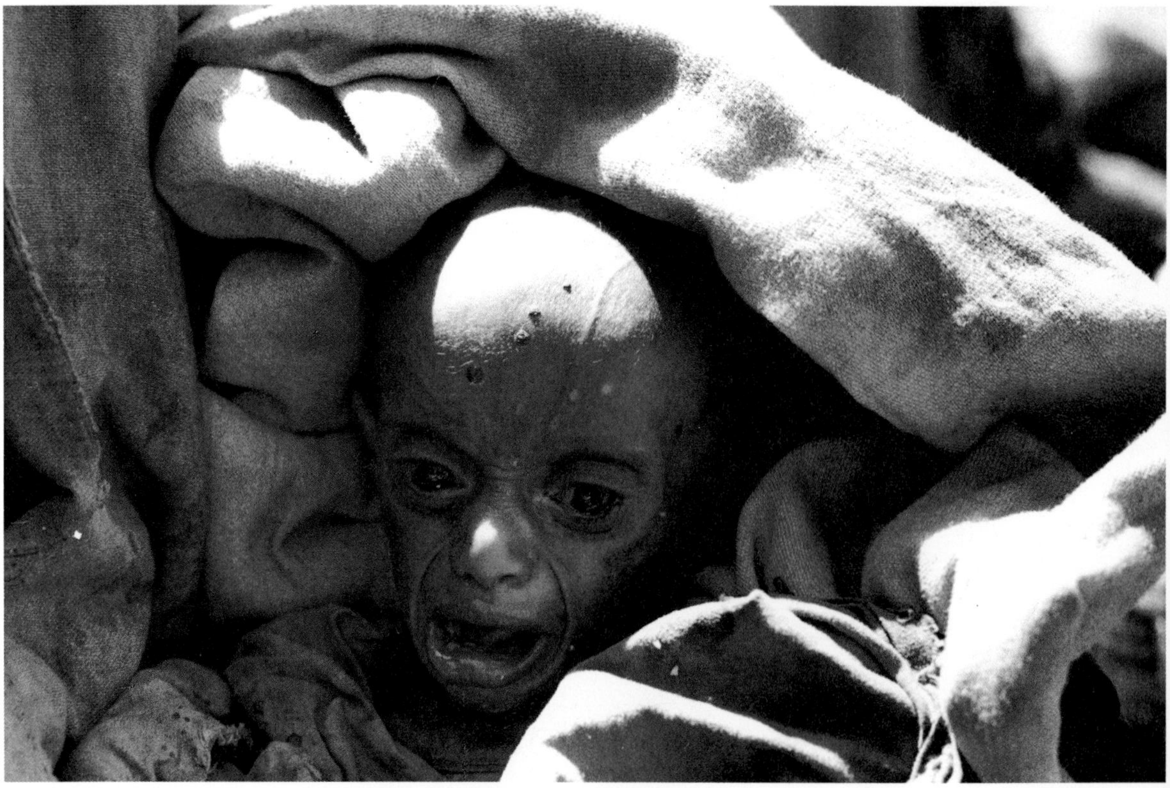

Dezember 1976: Richard Oetker wird entführt und gegen 21 Millionen Mark Lösegeld freigelassen

Januar 1977: Erste Hinrichtung in den USA seit zehn Jahren; der Doppelmörder Gary Gilmore wird erschossen

3. Februar 1977: Die Schauspielerin Ingrid van Bergen erschießt ihren Freund Klaus Knaths

11. Juli 1978: Ein Laster mit Gasflaschen fährt in einen spanischen Campingplatz und explodiert; über 200 Tote

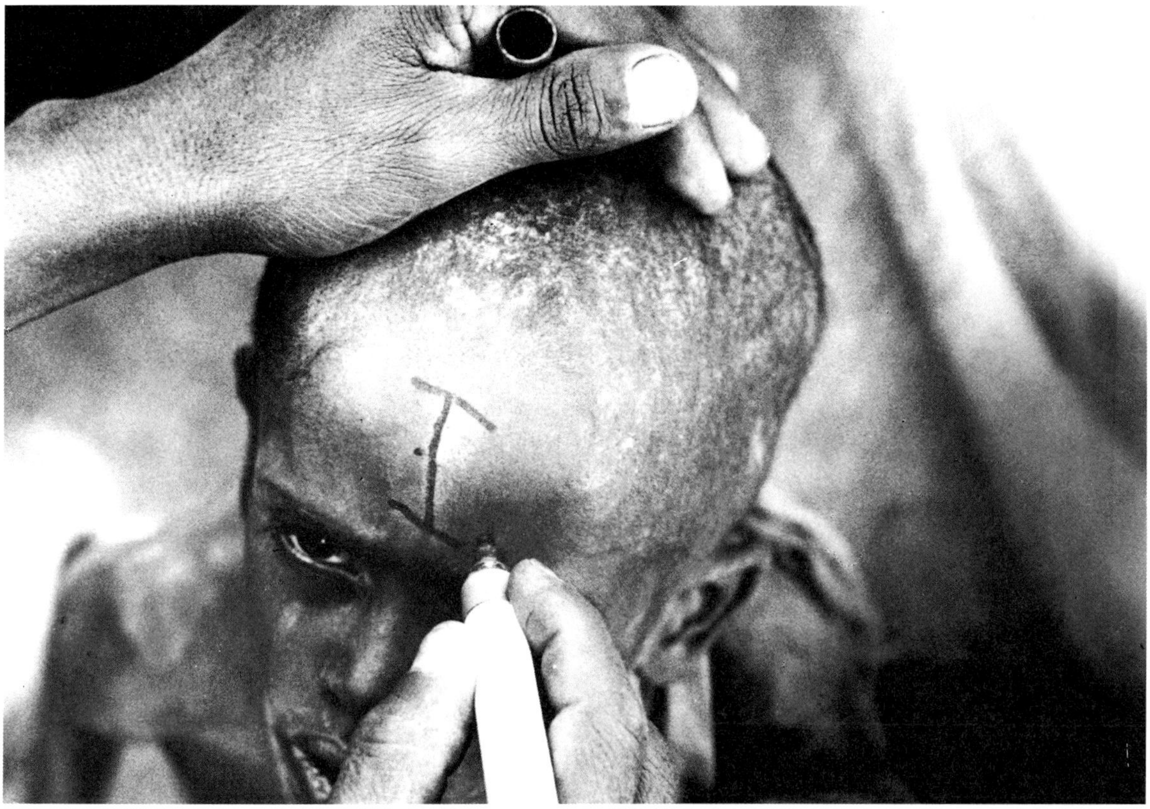

Äthiopien 1985. Wenigstens eine Million Menschen sind an Hunger gestorben. Im Lager Lalibela der „Deutschen Notärzte" warten Flüchtlinge aus den Dürregebieten auf Hilfe. Ein Mediziner malt dem zehnjährigen Gashaw ein großes „I" auf die Stirn. Das bedeutet, daß das Kind nur noch durch „intensives Füttern" eine Überlebenschance hat. Die Kinder sind die Schwächsten, sie sterben zuerst. Ihre kleinen Leichen werden in leere Weizensäcke aus der Bundesrepublik gesteckt

ROBERT LEBECK

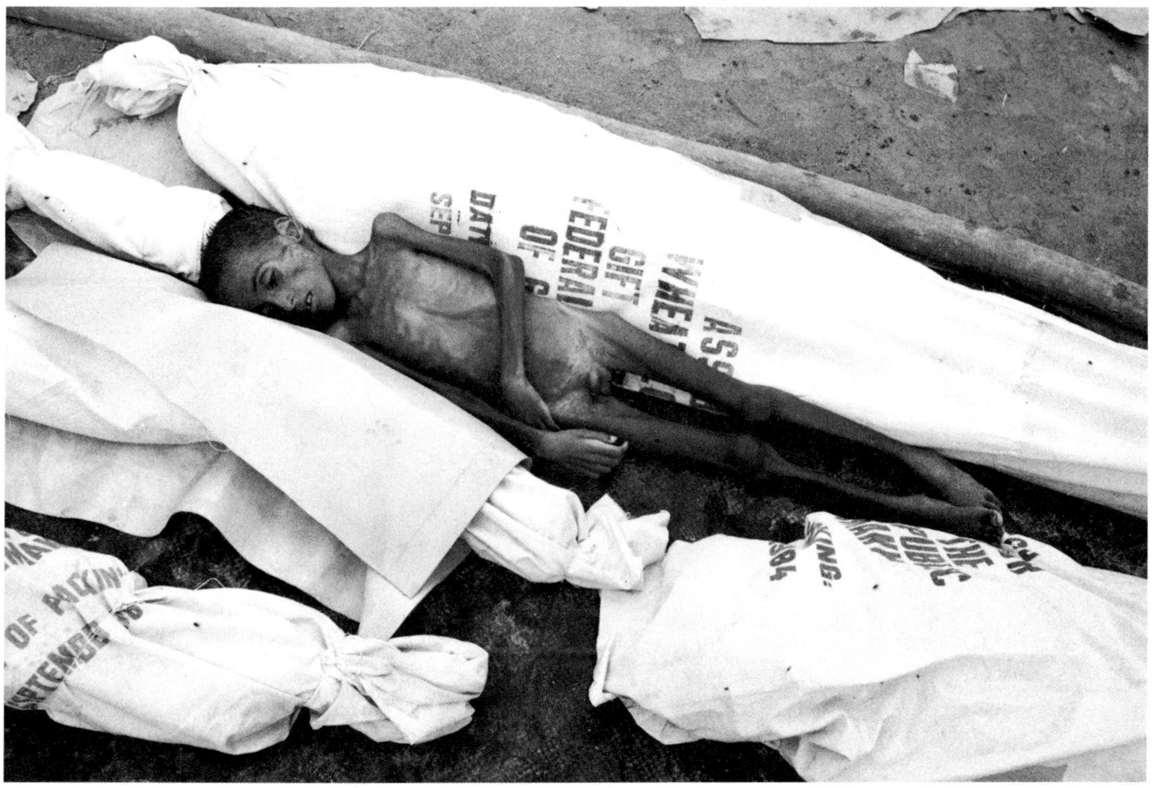

August 1979: Beim „Admiral's Cup" ertrinken in der irischen See 17 Segler

27. März 1980: Die Bohrinsel „Alexander Kielland" kentert vor Norwegen; 123 Menschen sterben

Juli 1980: Die Kinder des Fernseh-Korrespondenten Dieter Kronzucker werden entführt

August 1980: 83 Menschen sterben bei einem Bombenattentat Rechtsradikaler im Bahnhof von Bologna

Bundesrepublik. Mehr als hundert Kinder werden in der Bundesrepublik jedes Jahr zu Tode geprügelt – von den eigenen Eltern. Insgesamt werden jährlich 40 000 Fälle von Kindesmißhandlungen registriert. Um ein Vielfaches höher ist die Zahl der Fälle, von denen die westdeutsche Polizei nichts erfährt

BERND OBERMANN

Tschernobyl 1986. Eine Explosion am 26. April in dem sowjetischen Kernkraftwerk Tschernobyl führt zur radioaktiven Verseuchung weiter Teile Europas und Asiens. Trotz der Strahlengefahr nehmen Feuerwehrleute nach der Katastrophe den Kampf gegen die aus dem defekten Reaktor 30 Meter hoch schlagenden Flammen auf. 31 Männer erleiden so schwere radioaktive Verbrennungen, daß sie später in einer Moskauer Strahlenklinik daran sterben

GAMMA

Cape Canaveral 1986. Am Himmel über dem Weltraumbahnhof explodiert am 28. Januar die Weltraumfähre „Challenger" in einem 6000 Grad heißen Feuerball, während zwei Hilfsraketen unkontrolliert wie Feuerwerkskörper davonrasen. Die siebenköpfige Besatzung der „Challenger" hat keine Überlebenschance

SIPA

September 1985: Bei einem Erdbeben in Mexiko kommen über 5000 Menschen ums Leben

Juli 1986: Der St.-Pauli-Killer Werner Pinzner erschießt den Staatsanwalt, seine Frau und sich selbst

August 1986: Aus einem Vulkansee in Kamerun strömen Giftgase; über 1500 Menschen sterben

31. August 1986: Bei einem Zusammenstoß zweier Schiffe im Schwarzen Meer kommen über 400 Menschen ums Leben

Indien 1984. Aus der Fabrik des US-Chemiemultis Union Carbide in der indischen Stadt Bhopal tritt am 3. Dezember hochgiftiges Methylisocyanat aus – ein Gas zur Herstellung von Pestiziden. Mehr als 3000 Menschen ersticken innerhalb weniger Stunden. Etwa 250 000 Einwohner Bhopals erleiden Verätzungen, viele erblinden

RAGHU RAI

Mexiko 1984. An einer Hauswand im Arbeiterviertel San Juan Ixhuatepec im Norden der Hauptstadt sind Menschen zusammengebrochen, denen bei der Explosion von 48 Flüssiggas-Tanks der Staatsfirma „Pemex" die Kleider und die Haut verbrannt sind. Die Zahl der Todesopfer wird auf 2000 geschätzt

DPA

6. Oktober 1986: In der Karibik sinkt ein in Brand geratenes sowjetisches Atom-U-Boot

10. Oktober 1986: Bei einem Erdbeben in El Salvador kommen fast 1000 Menschen um

1. November 1986: Bei einem Großbrand beim Baseler Chemiekonzern Sandoz verbrennen über 1200 Tonnen Chemikalien

Dezember 1986: 71 Tote beim Absturz eines russischen Flugzeuges in der Nähe von Berlin/Schönefeld

Januar 1987: In Malaysia wird der Deutsche Frank Förster vom Vorwurf des Haschischbesitzes freigesprochen

März 1987: Eine Serie von Erdbeben in Ecuador kostet über 2000 Menschen das Leben

April 1987: Aus der Baseler Chemiefabrik Ciba Geigy fließen chemische Substanzen in den Rhein

Mai 1987: Riesige Waldbrände in China kosten etwa 200 Menschen das Leben

Kolumbien 1985. Nach einem Vulkanausbruch ertrinken 22 000 Einwohner der Stadt Armero in Schlamm- und Schmelzwassermassen, die sich in ihr Tal ergießen. Als die Rettungsmannschaften nach Überlebenden suchen, finden sie die bis zum Kopf im Schlamm steckende Omayra Sanchez. Die Dreizehnjährige ist mit ihrem Unterkörper so fest zwischen Balken eingeklemmt, daß sie nicht herausgezogen werden kann. Das Fernsehen verbreitet das Bild des Mädchens in alle Welt. Eine Pumpe soll helfen, das Wasser um das Kind abzusaugen. 60 Stunden hält Omayra durch. Als die Pumpe endlich eintrifft, erliegt sie ihren inneren Verletzungen

FRANK FOURNIER

16. August 1987: 157 Menschen kommen bei einem Flugzeugabsturz in Detroit/USA ums Leben

19. August 1987: Ein Amokschütze tötet in der englischen Kleinstadt Hungerford 16 Menschen

September 1987: Bei einem Erdrutsch in einem kolumbianischen Slum kommen etwa 400 Menschen ums Leben

September 1987: Strahlenkatastrophe in der brasilianischen Stadt Goiania

Neuseeland 1985. Agenten des französischen Geheimdienstes setzen am 10. Juli im Hafen von Auckland mit einer Haftmine die „Rainbow Warrior" auf Grund, mit der die Umweltschutzorganisation „Greenpeace" in der Südsee gegen Atombombenversuche Frankreichs protestieren wollte. Ein Fotograf an Bord kommt bei dem Anschlag ums Leben

BEN MOTU

Belgien 1987. Die britische Kanalfähre „Herald of Free Enterprise" kentert beim Auslaufen aus dem Hafen Zeebrugge, weil die Ladeluke am Bug nicht rechtzeitig geschlossen worden war. 189 Passagiere ertrinken

HARALD SCHMITT

15. Oktober 1987: Ein italienisches Flugzeug stürzt in den Bergen am Comer See ab; 37 Tote

18. November 1987: Bei einem Brand in der Londoner U-Bahn-Station King's Cross sterben 31 Menschen

Dezember 1987: 1500 Tote bei einem Schiffsunglück vor der philippinischen Insel Mindoro

Januar 1988: Monika Weimar wird wegen Mordes an ihren beiden Töchtern zu lebenslanger Haft verurteilt

Rekorde um jeden Preis

Sport oder Der Abschied vom Amateur

Ich bin doch nur schnell gelaufen. Warum machen die denn jetzt so einen Rummel um mich?" fragte Fanny Blankers-Koen ihren Mann, als sie im offenen Cabrio vom Amsterdamer Bahnhof zum Rathaus fuhren. Zehntausende jubelten der 30jährigen zu, die bei den XIV. Olympischen Sommerspielen in London 1948 vier Goldmedaillen gewonnen hatte: über 100, 200, 4 x 100 und 80 Meter Hürden.

174 Kurven auf 22,8 Kilometern
Der große Preis von Deutschland auf dem Nürburgring

Rennen auf dem Nürburgring/1950

Ihr Mann lobte bei der Ehrung seine „fliegende Hausfrau" in den höchsten Tönen: „Sie kocht, hält alles sauber und paßt auf die Kinder auf. Sie näht und strickt und stopft die Strümpfe." Kein Wort vom Gold.

Natürlich, sagte Herr Blankers-Koen später, sei er auch stolz auf seine Olympiasiegerin. Aber deswegen mache man doch in der Familie keinen großen Rummel um den Sport.

Vierzig Jahre nach dem Sieg der Holländerin räumt Ingrid Kristiansen, Hausfrau aus Norwegen, bei den Marathonläufen in aller Welt ab. Sie kassiert für ihre Auftritte – die knapp zweieinhalb Stunden dauern – sechsstellige Gagen; in Dollar, versteht sich. Ihr Mann und ihre Kinder halten sich hübsch im Hintergrund und tun alles, damit Mama möglichst oft, möglichst schnell und möglichst gewinnbringend läuft. Vor den Rennen sorgt der Kristiansen-Clan dann selbst für Rummel. Da werden Rekorde angekündigt, da wird um Startgelder gepokert.

Reitet für Deutschland
Die Geschworenen irrten sich

Hans-Günter Winkler/1955

Ein Millionenspiel.

Der Sport ist zum Markenartikel geworden – und mit ihm der Sportler. Der Athlet wird entlohnt wie ein Top-Manager und führt das Leben eines Filmstars. Aber Herr über sich ist der Athlet nicht. Trainer, Manager, Sponsor, Gesellschaft haben ihn in die Pflicht genommen: schneller, weiter, höher.

Weltrekord nach Maß

Armin Hary/1960

1948 beendete Max Schmeling seine Karriere mit einer Punktniederlage. Der Mann, der Box-Weltmeister gewesen war, baute sich in aller Ruhe eine sichere Existenz auf. Er war ein netter Kerl und ein echter Sportsmann, sein Wort galt etwas beim Volk, auch nach seinem Rücktritt war er noch für positive Schlagzeilen gut. Der Sportler Schmeling war weich gelandet – vom Ring hinunter ins heile Leben.

Gute, alte Zeit.

Muhammad Ali galt ein Jahrzehnt lang als der beste Boxer seiner Zeit. Er machte eine perfekte Show aus seinem Sport, er steigerte seinen Marktwert und den seiner Gegner, die er vermöbelte. Dann kam die Zeit, als er selbst vermöbelt wurde. Dollarmillionen kassierte er für seine Niederlagen. Heute ist Muhammad Ali ein kranker Mann, den Kopf und Körper Tag für Tag mehr im Stich lassen. Und er ist allein. Kaum jemand hat Mitleid.

Ali ist genauso ein Opfer seines Berufs, wie es in ein paar Jahren mutmaßlich ein anderer Weltklasse-Boxer sein wird. Mike Tyson heißt der Schläger der achtziger Jahre, und er vertrimmt zur Zeit jeden, der ihm im Ring vor die Handschuhe kommt. Aber schon jetzt kriegt Tyson es mit einem Gegner zu tun, der ihm noch schwer zu schaffen machen wird: mit sich selbst.

Tyson oder Ali, Matti Nykänen (Skispringer) oder Olaf Thon (Fußballprofi) – alle diese Sportstars sind Menschen, die zum Erwachsenwerden kaum Zeit hatten. Sie leben in einer Scheinwelt von kurzem Ruhm und falschen Werten. Für sie zählen Siege, Weiten und Zeiten. Dafür brechen sie ihre Kindheit ab, überspringen die Jugend, rücken in die bedingungslose Leistungsgesellschaft Sport ein.

Zehnkämpfer Kurt Bendlin/1967

Sport ohne Gnade.

Sicherlich hat sich Emil Zatopek, die „Lokomotive aus Prag", bei seinen Langstreckenläufen genauso geschunden wie dreißig Jahre später der Kenianer Mike Boit. Aber nach seiner Laufbahn als Sportler konnte Zatopek mit seinem Leben etwas anfangen. Er ist heute ein zufriedener Mensch – er ist glücklich verheiratet, liebt seine Kinder, die Enkel, seinen Garten. Und sagt, daß der Sport ihm viel gegeben hat.

Fußballweltmeisterschaft/1974

Mike Boit dagegen: Eines Tages lief er nicht mehr so schnell wie die anderen. Die Karriere war zu Ende. Kein Mitleid für den Star von gestern. Alkoholprobleme, kein Zuhause, das Geld geht aus. Der ehemalige Weltrekordler ist einer von denen, die der Sport ausgelaugt hat.

Mike Boit hatte nie die Möglichkeit sich zu wehren oder auszusteigen. Er wurde vermarktet, er mußte Leistung bringen. Um den Menschen Mike Boit kümmerte sich kein Trainer. So wie dem Kenianer ergeht es vielen jungen Sportlern, die wegen ihrer körperlichen Vorzüge als „Talente" erkannt werden. Sie werden gedrillt, besonders geschwind um Slalomstangen zu kurven, elegant von Zehnmeter-Türmen zu springen, viele Kilo Gewicht hochzustemmen. Ausbilder wachen über Muskelwachstum und Trainingseinheiten. Aber um die jungen Menschen kümmern sich nur wenige. Wenn sie die richtige Sportart betreiben, werden die Athleten im

Max Schmeling/1975

Niki Laudas Unfall/1976

Freiklettern/1986

Erfolgsfalle für ihre Mühen wenigstens angemessen entschädigt. Amateurstatus? Ein Wort aus längst vergangener Zeit. Leistungssportler sind Berufstätige, die das Rentenalter mit dreißig erreichen. Da gibt es keine Heuchelei mehr – Geldverdienen gehört zum Sport.

Es gehört dazu, die Medienrechte meistbietend zu versteigern. Die Zeitlupe des Tors im Spitzenspiel, das exklusive Interview mit dem schnellsten Mann der Welt – den Zugriff hat der Zahlungskräftigste.

Es gehört auch dazu, mit Sportlern zu handeln wie mit Apfelsinen. Transfer heißt dieses Verschachern von Athleten. Seinen Marktwert kann nur mehren, wer sich als Gladiator in den Sport-Schlachten bewährt. Beispiel Fußball:

Im größten deutschen Sportzirkus, der Bundesliga, spielen sich jeden Samstag Szenen ab, die mit Sport – wenn denn Sport das faire Messen körperlicher Fähigkeiten sein soll – nichts mehr gemein haben. Was die Profifußballer miteinander anstellen, erfüllt den Tatbestand der Körperverletzung. Vom spielenden Menschen, dem Homo ludens, keine Spur.

Und der Rest macht's nach. Ob in der C-Klasse beim Fußball oder beim Forderungsspiel um Platz sieben in der Rangliste des Tennisvereins: Die Unarten der Stars werden verbissen nachgeahmt. Wer Sport treibt, will etwas leisten. Einmal einen Marathon in weniger als dreieinhalb Stunden, einmal bei Windstärke fünf mit dem Surfbrett über den Gardasee, einmal beim Squash den Meier an die Wand spielen. Der Freizeitmensch sorgt schon dafür, daß sein Hobby in Stress ausartet.

Da nehmen sich denn auch diejenigen wie Romantiker aus einer anderen Zeit aus, die ihren Sport noch aus Spaß an der Freud' betreiben. Die sich einen feuchten Kehricht um Rekorde scheren; die auch lachen, wenn die gegnerische Mannschaft ein Tor mehr geschossen hat als die eigene. Die der Auffassung eines gewissen Baron de Coubertin anhängen, der meinte, daß Dabeisein alles sei.

Die „richtigen" Sportler des ausgehenden zwanzigsten Jahrhunderts sind da realistischer. Schneller, weiter, höher – das ist ihr Credo. Ohne Zugeständnisse. Die Statistik muß stimmen, der Rekord ruft, Zahlen zählen. Kein Platz für Gefühle. Wenn es so weitergeht, machen in den nächsten vierzig Jahren die Sportroboter die Menschensportler überflüssig.

DETLEF VETTEN

Juli 1947: Sieger der ersten Tour de France nach dem Krieg wird der Franzose Jean Robic

16. September 1947: Mit 634,4 km/h stellt John Cobb (USA) einen neuen Autogeschwindigkeitsweltrekord auf

29. Juli 1948: Die ersten Olympischen Spiele nach dem Krieg werden in London eröffnet

8. August 1948: Der 1. FC Nürnberg wird erster deutscher Fußballmeister nach dem Krieg

USA 1965. Auf dem Salzsee bei Bonneville im US-Staat Utah startet der deutsche Rennsportler Wilhelm Herz zu einem Geschwindigkeitsrekord in der 500-ccm-Klasse. 1956 war der Ludwigshafener auf derselben Strecke mit 338 km/st Motorrad-Weltmeister geworden

EBERHARD SEELIGER

Köln 1952. Der Mittelgewichtsboxer Peter Müller, genannt „de Aap", schlägt in seiner Heimatstadt während eines Meisterschaftskampfes gegen Hans Stretz den Ringrichter Max Pippow k.o., über den er sich geärgert hatte. Nach dem „Zwischenfall" wird Peter Müller lebenslang gesperrt, aber schon nach einem Jahr darf er dann doch wieder in den Ring

ROLF GILLHAUSEN

3. Mai 1953: Rot-Weiß Essen wird erster DFB-Pokalmeister

8. August 1953: Mit 80,41 m übertrifft Franklin Held (USA) erstmals die 80-Meter-Marke im Speerwerfen

1. November 1953: Neuer Weltrekord über 10000 Meter durch Emil Zatopek (CSSR): 29:01,6 Minuten

4. Juli 1954: Durch ein 3:2 über Ungarn wird die deutsche Nationalmannschaft Fußballweltmeister

London 1966. Geknickt verläßt der deutsche Mannschaftskapitän Uwe Seeler nach dem WM-Finale das Wembley-Stadion. Durch ein bis heute umstrittenes Tor der britischen Gegner war die westdeutsche Mannschaft auf den zweiten Platz verwiesen worden. Der Streit geht um die Frage, ob der von der Querlatte abgeprallte Ball auf deutscher Seite hinter oder vor der Torlinie den Boden berührte

SVEN SIMON

22. August 1954: Der Argentinier Manuel Fangio wird auf einem Mercedes Automobilweltmeister

16. Oktober 1954: Uwe Seeler spielt erstmals in der Nationalelf, die 1 : 3 gegen Frankreich verliert

5. Juli 1955: In Aachen wird Hans-Günther Winkler Weltmeister im Springreiten

31. Juli 1955: Der Franzose Louis Bobet gewinnt als erster dreimal hintereinander die Tour de France

USA 1968. Der amerikanische Schwergewichtsboxer Cassius Clay beim Morgentraining. Sein 1964 errungener erster Weltmeistertitel war ihm wieder aberkannt worden, weil er den Kriegsdienst verweigert hatte. Als Mitglied der Black Muslim nimmt er den Namen Muhammad Ali an. 1974 wird er erneut Weltmeister

THOMAS HÖPKER

27. April 1956: Ungeschlagen gibt Rocky Marciano seinen Titel als Boxweltmeister zurück

29. September 1956: Glenn Davis (USA) läuft mit 49,5 Sekunden als erster die 400-m-Hürden unter 50 Sekunden

22. November 1956: In Melbourne werden die XVI. Olympischen Spiele eröffnet

2. Februar 1958: Toni Sailer (Österreich) wird in Bad Gastein dreifacher Skiweltmeister

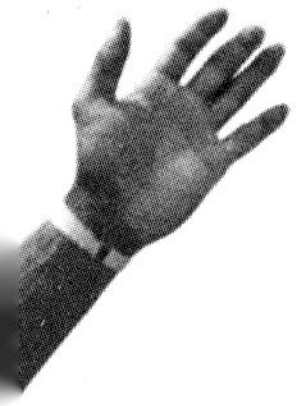

Puerto Rico 1983. Die Alten werden immer fitter. Bei den fünften Weltspielen der Veteranen in San Juan setzt der 78jährige Kanadier Arnold Ticmanis beim Stabhochsprung mit Elan über die Latte

PETER THOMANN

29. Juni 1958: Brasilien wird durch ein 5 : 2 über Schweden Fußballweltmeister

4. Oktober 1958: „Bubi" Scholz wird Europameister der Berufsboxer im Mittelgewicht

1. Februar 1959: Marika Kilius und Hans-Jürgen Bäumler werden Europa-Meister im Eiskunstlauf

26. Juni 1959: Neuer Boxweltmeister im Schwergewicht ist der Schwede Ingemar Johannson

Olympiade 1984: Beim Hindernisrennen in Fairbanks Ranch bleibt das Pferd des Mexikaners Armando Robero an einem festen Balken hängen und fliegt mitsamt dem Military-Reiter in einen Wassergraben. Beim Radsprint in Los Angeles fällt der Japaner Katsuo Nakasake wenige Meter vor dem Ziel aus dem Rennen

THOMAS ZIMMERMANN (o.)
DAVID CANNON

7. Juli 1959: Martin Lauer stellt mit 13,2 Sekunden einen Weltrekord über 110-m-Hürden auf

20. Juni 1960: Floyd Patterson holt sich den Box-Weltmeistertitel im Schwergewicht zurück

21. Juni 1960: Mit 10,0 Sekunden läuft Armin Hary in Zürich einen neuen Weltrekord über 100 Meter

25. August 1960: Beginn der XVII. Olympischen Spiele in Rom

Stille Bilder vom Rande der großen Wettkämpfe: Ein Stabhochspringer ruht sich aus. Und der Däne Ole Jensen zieht beim Olympia-Wettbewerb der Geher in München 1972 als letzter in das inzwischen leere Stadion ein

GEORGE THIEDEMANN (o.)
PETER THOMANN

22. Oktober 1960: Nach seinem Gold von Rom siegt Cassius Clay auch im ersten Kampf als Box-Profi

17. Juni 1962: Brasilien wird nach einem 3:1 gegen die CSSR in Santiago erneut Fußballweltmeister

25. September 1962: Sonny Liston (USA) ist nach einem K.-o. über Patterson neuer Boxweltmeister

28. März 1963: Marika Kilius und Hans-Jürgen Bäumler werden in Cortina d'Ampezzo Weltmeister im Eiskunstlauf

USA 1978. Massenstart von Heißluftballons in Albuquerque. Die verschlafene Kleinstadt im amerikanischen Bundesstaat New Mexico ist eine Woche lang Schauplatz der größten Luftschiffer-Fiesta der Welt. Als das Signal zum Aufstieg ertönt, erheben sich 254 Ballons gleichzeitig in den sonnigen Himmel. Zurück auf der Erde bleiben 250 000 Zuschauer

SEBASTIAN GIEFER

USA 1977. Die Fußballstars Pelé und Franz Beckenbauer unterhalten sich in der Umkleidekabine ihres gemeinsamen Vereins „Cosmos New York". 1984: Kraftvolle Abwehr eines Angriffs der San Diego Soccers

VOLKER HINZ (o.)
GENE SWEENY jr.

Großbritannien 1984. Hartes Gerangel beim Rugby-Spiel. Aber der Centre-Spieler Colin Hopgood von Manchester United behält, wie man sieht, auch im ärgsten Durcheinander den Überblick

BEARNE & SON

Dubai 1981. Am Persischen Golf wagen sich junge Araber zum erstenmal in ihrem Leben aufs Eis. Draußen ist es 50 Grad heiß, aber in der vollklimatisierten Sporthalle mit Kunsteisbahn kann man schlittschuhlaufen – wenn man's kann

WALTER SCHMITZ

Scharjah 1981.
Auch Golf wird am Golf gespielt. In der Wüste von Scharjah gibt es einen Kurs mit 18 Löchern. Der Ball kommt vor dem Abschlag auf ein Stück Kunststoffrasen – damit er richtig geschlagen werden kann

WALTER SCHMITZ

USA 1983. Der Bumerang australischer Ureinwohner ist zu einem beliebten Sportartikel der Amerikaner geworden. Meisterwerfern wie Eric Darnells gelingt eine Wilhelm-Tell-Nummer: Wenn sein Wurfholz zurückkommt, zerspaltet es den Apfel auf seinem Kopf

PETER THOMANN

USA 1986. Nur noch der Büstenhalter läßt ahnen, daß hier nicht einem Kerl, sondern einer Amazone Bizeps und Adern schwellen. Das Bodybuilding ist auch zu einem Kraftsport für Frauen geworden, die nach neuen Schönheitsidealen streben

ALON REININGER

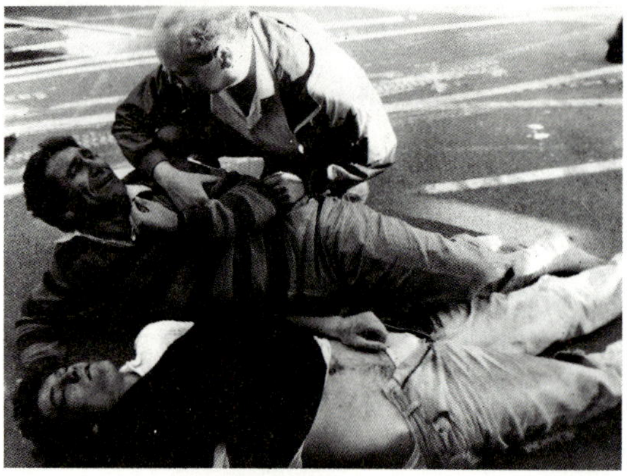

Brüssel 1985. Im Heysel-Stadion stürzen sich bei einem Spiel von Juventus Turin gegen den FC Liverpool britische Schlachtenbummler auf Zuschauer aus Italien und lösen eine Panik aus. 39 Fußballfans, davon 31 Italiener, werden niedergetrampelt und getötet. Ein Italiener legt sich weinend neben seinen sterbenden Sohn. Ein anderer spricht vor den Toten ein Gebet. Rechts: Brasilianische Fußball-Enthusiasten – fahnenschwenkend, Sambatanzend, singend

EAMONN McCABE (o.)
ALDO TONNOIR
ALAIN SCHROEDER (u.)
WALTER SCHMITZ (r.)

30. August 1975: Peter Michael Kolbe wird Weltmeister im Einer-Rudern

1. Oktober 1975: Muhammad Ali (Cassius Clay) verteidigt seinen WM-Titel gegen Joe Frazier

12. Mai 1976: Der FC Bayern München wird Europacup-Sieger der Landesmeister

20. Juni 1976: Nach einem 5:3 über die Bundesrepublik ist die CSSR Fußball-Europameister

USA 1985. Wie eine Rakete schießt bei einem Wettrudern in Kalifornien ein Zwei-Mann-Boot über eine gewaltige Welle hinweg. Um nicht hinausgeschleudert zu werden, lehnen sich die beiden Ruderer auf den Bootsboden zurück. Ihren Konkurrenten sind sie gleich darauf eine gute Bootslänge voraus

JEBB HARRIS

5. November 1978: Peter Michael Kolbe wird (nach 1975) erneut Weltmeister im Ruder-Einer

15. November 1978: Helmut Schön gibt sein Amt als Fußballnationaltrainer an Jupp Derwall ab

8. April 1979: Die Volksrepublik China wird ins IOC aufgenommen

6. Juli 1979: Björn Borg (Schweden) gewinnt zum viertenmal hintereinander in Wimbledon

New York 1983. 14000 Menschen laufen beim New-York-Marathon über die für den Autoverkehr gesperrten Highways am Stadtrand. Während sich die einen auf der linken Fahrbahn schon langsam dem Ziel nähern, rennen die Sportler auf der rechten noch in entgegengesetzter Richtung der Wendemarke entgegen

GEORG GERSTER

Neufundland 1986. Unerwartetes Publikum hat ein Surfer in der Bucht von Bonavista vor der Küste Neufundlands. Zwei Buckelwale umkreisen ihn, tauchen vor ihm auf und unter ihm hinweg. Nach ein paar Ehrenrunden schwimmen die etwa 13 Meter langen und 30 Tonnen schweren Riesen friedlich wieder davon

JOHN EASTCOTT/YVA MOMATIUK

Olympiade 1984. Michael Groß vom Schwimmclub Offenbach erringt in Los Angeles zweimal Gold und zweimal Silber. Im selben Jahr wird er in der Bundesrepublik zum „Sportler des Jahres" gewählt. Der amerikanische Sprint-Star Carl Lewis trägt mit vier Goldmedaillen dazu bei, daß die USA 1984 mehr olympische Medaillen als je zuvor ernten: 83mal Gold, 61mal Silber, 30mal Bronze

CO RENTMEESTER

15. April 1985: Bernhard Langer gewinnt das Master-Golfturnier in Augusta (USA)

7. Juli 1985: Mit Boris Becker siegt erstmals ein Deutscher im Herren-Einzel von Wimbledon

13. Juli 1985: Sergej Bubka stellt mit 6,00 Meter einen neuen Weltrekord im Stabhochsprung auf

30. Juni 1986: Nach einem 3:2 gegen die Bundesrepublik wird Argentinien in Mexico City Fußballweltmeister

Tennis 1985. Mit 17 Jahren siegt Boris Becker in Wimbledon – als erster Deutscher und zugleich jüngster Teilnehmer in der Geschichte der berühmten Tennis-Wettkämpfe. Eine Spezialkamera hält später die unvergleichliche Technik Beckers fest

ECKHARD HERFERT

6. Juli 1986: Boris Becker gewinnt gegen den Tschechen Ivan Lendl erneut das Wimbledon-Finale

27. Juli 1986: Mit Greg Lemond ist erstmals ein Amerikaner Sieger in der Tour de France

4. Juli 1987: Zum achtenmal gewinnt Martina Navratilova das Damen-Einzel in Wimbledon

1. August 1987: Erstmals seit 1978 gibt es mit Tyson (US wieder einen Boxweltmeister im Schwergewicht

USA 1979. Beim Peachtree-Marathon im amerikanischen Bundesstaat Georgia. Kaum haben die schnellsten Läufer die Ziellinie erreicht, prasselt auf die erhitzten Athleten ein erfrischender Guß aus Feuerwehrlöschkanonen herab

CHUCK ROGERS

Kleider, Klamotten und Marotten

Mode – die wichtigste Nebensache der Welt

Die Wiederaufbauer in unserer jungen Nachkriegsrepublik haben sich um alles und (fast) alle gekümmert – nur nicht um die Mode. In Sachen Haute Couture ist die Bundesrepublik bis heute ein unterentwickeltes Land geblieben. Wohl gab es das Constanze-Covergirl Susanne Erichsen, die erste Miss Germany, auch gute Modefotografen mit Weltgeltung wie F. C. Gundlach, aber in der Kunst der pfiffigen Schnitte und gewagten Muster waren wir immer Kunde, selten Verkäufer.

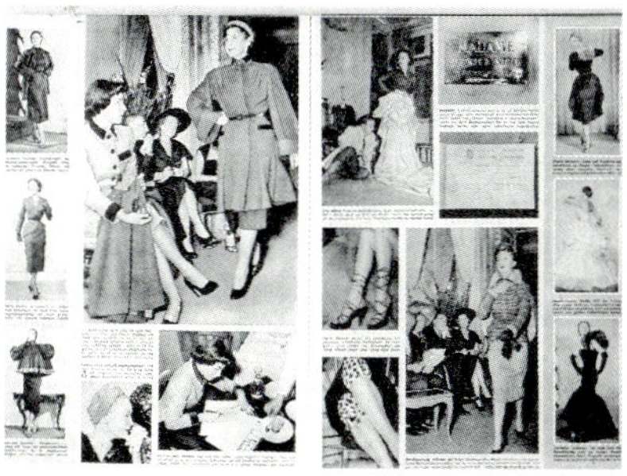

Krefelder Modewoche/1949

Die Nachkriegsmode begann 1946. Christian Dior und Pierre Balmain betraten den Laufsteg. Zum Schrecken der Modejournalisten allerdings mit einem Schritt zurück. Während Künstler wie Jackson Pollock, Mark Rothko, Joan Miró oder Paul Vaserely die gerade vom Krieg Befreiten mit ihrer Modernität schockten, Architekten wie Oscar Niemeyer und Buckminster Fuller eine neue Ästhetik der Konstruktion vorführten, sahen die jungen Modemacher ihre Zukunft in der Vergangenheit. Sie paßten sich dem Sicherheits- und Ruhebedürfnis der kriegsgestressten Gesellschaft an und boten mit ihren ersten Kollektionen die beruhigende Aufregung der dreißiger Jahre.

Mode wie „Vom Winde verweht"/1950

Christian Dior wurde über Nacht zum Star, dessen Fans sich zwar nicht in seinen Salons, dafür aber in den Konsumpalästen Amerikas drängelten. Der Konfektions-Gigant Neiman & Marcus aus Dallas/Texas schickte dem Franzosen ein Flugticket, damit er im fernen Westen seine europäischen „Erinnerungen" persönlich vorstellen konnte.

Hinter diesem ersten Moderausch stand eine marode Ideologie. Die Frau, bis vor kurzem die Heroine der Munitionsfabriken, sollte wieder Heimchen am Herde sein – tagsüber Arbeit, abends Gäste. Diors „New Look" stellte das alte Rollenverhältnis wieder her. Er wurde zum Geschäft für die Kaufhäuser und zur Götterdämmerung für die Modemacher.

Anders dagegen Cristobal Balenciaga. Mit höchster Schneiderkunst und raffiniertester Einfachheit zeichnete er die Linien der Zukunft in Stoff, dessen Qualität noch im gerasterten Zeitungsbild auszumachen war. „Wenn der Stoff gut ist, kannst Du schneidern, was Du willst", schrieb er in den frühen fünfziger Jahren seinem Schüler Hubert de Givenchy ins Aufgabenheft. Während seine Kollegen den Körper immer noch in ihre Reißbrett-Entwürfe zwängten, reagierte Balenciagas Design sensibel auf Gesten,

Haltungen und Bewegungen und übersetzte sie in Kleiderkunst. Ein Anspruch, der einer neuen Generation freilich nichts zu sagen hatte. Sie wollte Action statt Art. „Wow, die sechziger Jahre. Leben als aufregendes ‚wham, wham, wow'-Erlebnis. Die Beatles, Hendrix, Joplin und Velvet Underground – was für herrliche Katastrophen", jubelte die amerikanische Designerin Betsy Johnson. Und Mary Quant aus London, der fälschlicherweise die Erfindung des Mini-Rocks zugeschrieben wird, konstatierte: „Eine Frau ist so jung wie ihr Knie."

Pariser Mode/1950

Dieser Knie-Zirkus war die erste eigentliche Moderevolution nach dem Krieg. Nicht länger bestimmten die Designer, was, wann, wo und wie lange getragen wurde. Der Mini-Rock, das Modesignal der neuen Ära, kam aus keinem Studio, sondern von der Straße. Der kurze Fummel – zehn bis 15 Zentimeter über dem Knie – war ein jugendlicher Protest gegen die Älteren und deren Mode-Diktat. Die Pariser Haute Couture beschloß zunächst, diese Revolution nicht zur Kenntnis zu nehmen. Der erste, der aufhörte beleidigt zu sein, war der 21jährige Yves Saint Laurent, der 1962 bei Dior den Dienst quittierte und sich selbständig machte. Seinem Aufbruch folgten der Geometriker Pierre Cardin und die Balenciaga-Schüler Courrèges und Ungaro. Sie alle – Intellektuelle unter den Kleidermachern – hatten rasch erkannt: Jugendliche Linien ja, aber nicht mit den sexuellen Stereotypen, die aus „Swinging London" kamen, als dort die schicke Sause in Serie ging und der Mao-Look und die Che Guevara-Mütze modefähig wurden.

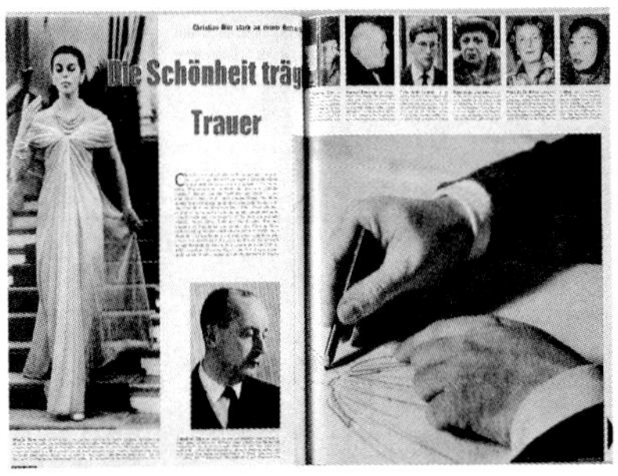

Tod Christian Diors/1957

Zur gleichen Zeit probten in Amerika junge Rauhbeine neue Modereize. „Go west" war die Devise der Cowboy-Couturiers Calvin Klein, Ralph Lauren und Roy Halston für ihre derben, aber schönen Stoffmischungen aus Leinen und Wolle. In Farben, die sie der Prärie, dem Meer und dem Sonnenaufgang über den Rocky Mountains entliehen, malten sie der Jugend eine Freiheit, die freilich eher den einzelnen als die Gesellschaft meinte. Es war der Beginn des sportlichen Chics.

Oben-ohne-Mode/1964

Daß dieser neue Western-Look von der Natur direkt zu den Gesundheitsaposteln führte, zu der furchtbaren schweißaufsaugenden Fitness-, Trimm- und Body-Builder-Mode, war nicht Schuld der Macher, sondern jener Ideologen, die für die neuen Kleider erst mal den neuen Körper schaffen wollten.
Cristobal Balenciaga resignierte: „Die Zeit der Couture ist zu Ende", befand er und schloß seinen Laden. Diejenigen, die weiter-

machten, mußten sich mit einer immer kopierwütigeren Konfektionsindustrie herumschlagen. Die teuren Couture-Kreationen, hochwertiges Material von Hand geschneidert, mußten jetzt oft unter Preis angeboten werden, um überhaupt noch Käufer zu finden. Auch die Japaner Kenzo Takada oder Issey Miyake, die mit strengen Fernost-Formen für Neues im Westen sorgten, vermochten gegen die quicke Industriekonkurrenz wenig auszurichten.
Yves Saint Laurent fand – mal wieder als erster – einen gangbaren Weg zwischen Couture und Kommerz. Er löste sich vom Diktat der Modesaison. Aus seinem riesigen Ideen- und Formenfundus versuchte er die immer schneller wechselnden Kundenwünsche zu bedienen: „Wir müssen uns damit abfinden, daß die Frauen diese Hose jetzt wollen und nicht erst in der nächsten Saison."
Doch Laurents Lagerhaltung ist keine Dauerlösung. Der Zopf, an dem sich derzeit die Modemacher aus dem Sumpf zu ziehen versuchen, ist die zweite einschneidende Veränderung der Mode nach dem Krieg: Diversifikation!
Kann man sich schon das Design nicht mehr leisten, dann tut es auch der Name, sagen sich inzwischen viele Käufer. Der erste Schritt aus der Misere der achtziger Jahre wurde das „Name Handling". Strümpfe, Krawatten, Parfum, Zigaretten, jedes Produkt, das man mit einiger Aussicht auf Erfolg in die Luxus-Klasse hieven kann, bekam einen geläufigen Designer-Namen. Statt von ihren Produkten begannen die Couturiers von ihrem Prestige zu leben. Karl Lagerfeld: „Der Mode-Designer muß, um zu überleben, Opportunist sein!" Nicht bloß ihr Label, sondern gleich sich selbst verkaufen so erfolgreiche Entwerfer wie Claude Montana oder Thierry Mugler. Sie machen ihr Geld als anonyme Angestellte eines ebenso anonymen Konzerns wie der Geld- und Modeholding „GFT" (Gruppo Finanzario Tessile) in Italien.
„Laß die Konzerne Kasse machen, wir machen Kunst", flötet der geschäftstüchtige Feingeist Lagerfeld kokett hinter seinem Fächer hervor. Die Couture hat zwar im Moment keine Konjunktur, aber, wie sie meint, Kultur.

NICOLAUS NEUMANN

Twiggy/1967

Tangas/1984

Sowjetische Mode/1988

1946: Der Bikini wird erfunden

12. Februar 1947: Christian Dior stellt seinen „New Look" (enges Oberteil, weiter Rock) vor

1948: Die Zelt-Mode mit der dreieckigen Mantel-Silhouette kommt

1949: Kurze Haare werden bei Frauen wieder beliebt

Paris 1959. Die Modeschöpferin Coco Chanel legt letzte Hand an ein Chanel-Kleid, mit dem gleich ihr Starmannequin auf den Laufsteg soll. Sie selbst trägt ein typisches Chanel-Kostüm

PARIS MATCH

Paris 1961. Das Neueste aus dem Hause Christian Dior – mit auffallend großem Dekolleté und bauschigem Kuppelrock

CHARLES WILP

Paris 1963. Schwarzes Lederkostüm mit kurzer Jacke und knapp über dem Knie endendem Faltenrock. Passend zum Modell von Pierre Cardin: Ein flacher Sportwagen „Facel II", ebenfalls eine französische Kreation

RICO PUHLMANN

Berlin 1960. Als Couture-Mode aus dem Westteil der Stadt präsentiert ein Mannequin ein pastellfarbenes Duchesse-Kleid mit auffallend großen Knöpfen, die alles bis zum Saum sittsam zusammenhalten
RICO PUHLMANN

Paris 1974. Knöpfstiefel wie zu Omas Zeiten werden wieder modern.
München 1963. Bobbyhelm-Hut und karierte Pickelhaube für sportliche Autofahrerinnen – entworfen von Ina Böckler

FRANK HORVAT (o.)
KURT WILL

Paris 1968. Im Sprung läßt der Modemacher André Courrèges seine Models den Mikro-Rock vorführen – noch eine Handbreit kürzer als der Mini-Rock

PETER KNAPP

Lübeck 1969. Maxi-Mantel aus Leopardenfell für 24000 Mark. Modell: Dabs

WERNER BOKELBERG

Paris 1978. Am Strand gilt der Tanga langsam als out, aber zum Drunterziehen ist der raffinierte Fummel jetzt in. Wäschehersteller bieten die Erfindung aus Rio als Dessous an — passend zum knappen Büstenhalter

HELMUT NEWTON

London 1977.
Mund mit Gold-Make-up – ein Schminkvorschlag der britischen Visagistin Barbara Daly
CHRISTA PETERS

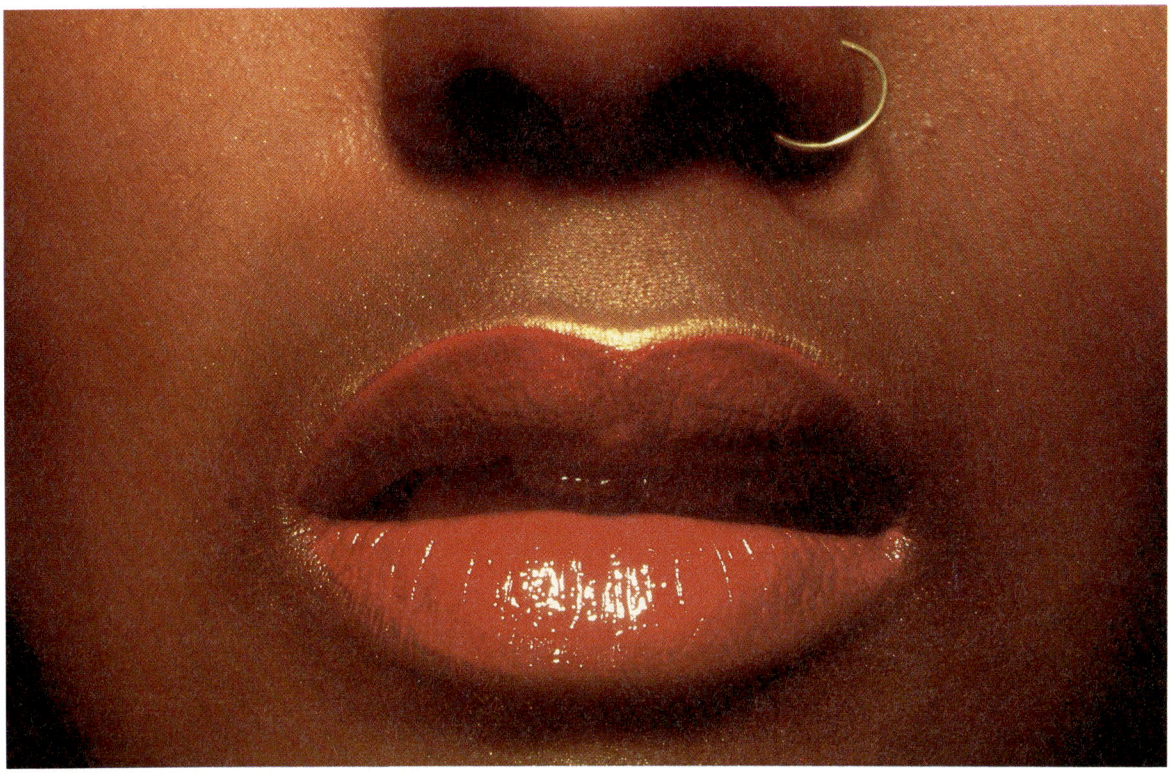

London 1971. Ein leicht molliges Mannequin zeigt auf dieser Fotomontage in wechselnder Bekleidung die neue Sommermode. Magere Models wie Twiggy sind plötzlich nicht mehr gefragt
CHRISTA PETERS

St. Tropez 1978. Der Pariser Modezar Yves Saint Laurent läßt in Schwarz und mit viel Federn am Hut den Kintopp-Vamp aus der Stummfilmzeit wiederaufleben

HELMUT NEWTON

1970: Alle sieben Sachen unter Dach und Fach — die Handtasche für Herren kommt in Mode

1971: Yves Saint-Laurent läßt sich als erster Modemacher nackt für sein neues Parfum fotografieren

1971: Die „Hot Pants" sind „in"

1971: „Einer für alle", der BH für alle Größen wird in Schweden erfunden und ein Welterfolg

Tokio 1984. Plissiertes Cape von Issey Miyake mit Falten, die ohne Bügeln halten

ART KANE

Frankreich 1978. Glanz und grelle Farben für den nächsten Sommer

PETER LINDBERGH

Paris 1984. Während in den Kinos Sauras Film „Carmen" Furore macht, sind in der Mode Carmen-Kurven in

HANS FEURER

Paris 1977. Umlagert von Fotografen, Journalisten und Einkäufern aus aller Welt führt ein Mannequin im Luxus-Hotel Meurice die neuesten Entwürfe des Modemachers Jean Claude de Luca vor

VOLKER HINZ

New York 1985. Die Make-up-Artistin Linda Mason bemalt Nachtschwärmern Gesicht und Haar mit leuchtender Neon-Schminke

TOM JACOBI

Moskau 1988. Junge Russin mit einer „Budjonnowka“, der modischen Nachbildung einer Soldatenmütze aus der Zeit des legendären Reiterführers Budjonny. Den Mantelkragen zieren als modisches Beiwerk Sticker mit dem Konterfei Lenins und Abzeichen von Parteitagen, die es an sowjetischen Kiosken zu kaufen gibt. Modell: Tatjana Osmjorkina

ALBERT WATSON

USA 1987. Schwarzer Stoff und tiefe Dekolletés – Modemacher Calvin Kleins Vorschlag für junge Liebe im Motel

ALBERT WATSON

1984: Der Film „Carmen“ inspiriert die Modemacher zu figurbetonten Entwürfen

1985: Jochen Holy, der Boss von ‚Boss'-Männermode, lanciert sein erstes Herrenparfum

Sommer 1985: Jean-Paul Gaultier steckt die Männer in Röcke

Oktober 1985: Azzedine Alaia bekommt die ersten beiden Mode-Oscars der Welt verliehen

1985: Der US-Designer Stephan Sprouse überrascht die Branche mit Leucht-Stoffen

31. Juli 1986: Karl Lagerfeld wird in Paris mit dem Goldenen Fingerhut der Haute Couture ausgezeichnet

1986: Ein neues Modeland erobert den internationalen Markt: Spanien

Sommer 1987: Nach dem Film „Out of Africa" wird der Safari-Look modern

Düsseldorf 1985. Stolze 349 Mark kosten diese lurexbestickten Stöckelpumps von Roland Pierre — vorgeführt auf der größten Schuhmesse der Welt, zu der 750 Aussteller aus 35 Ländern und 30 000 Einkäufer aus allen Erdteilen in die Landeshauptstadt kamen

ROBERT MAPPLETHORPE

Männer 1988. Modemacher aus Madrid, Paris und Tokio entwarfen für den Winter extrem leichte Herrenmäntel — untaillierte sogenannte Swinger. Sie sind aus stumpfer gewaschener Seide und Cashmere

ALBERT WATSON

1987: Designer des Jahres: der Amerikaner Calvin Klein

1987: Der „rote Dior", Star-Modemacher Slawa Saizew, zeigt seine Kreationen erstmals in der Bundesrepublik

1988: Weite Damenhosen à la Marlene Dietrich kommen wieder in Mode

1988: Der Mini-Rock feiert ein weltweites Comeback

Zurück zur Bescheidenheit

Über die Grenzen von Naturwissenschaften, Technik und Medizin

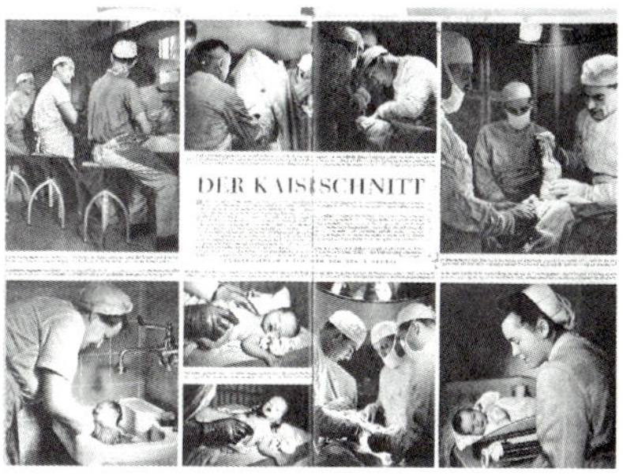
DER KAISERSCHNITT

Geburt per Kaiserschnitt/1949

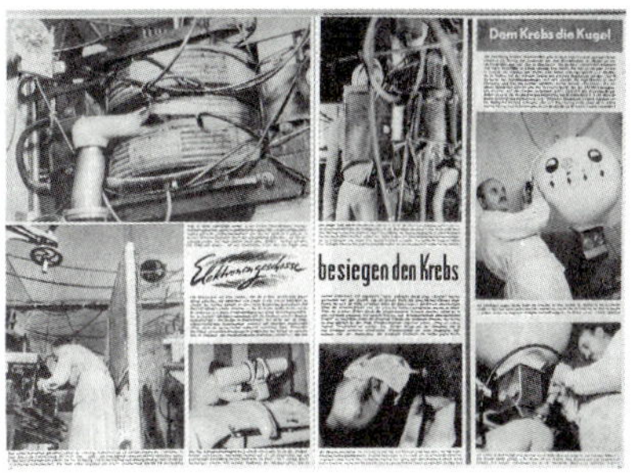
Dem Krebs die Kugel

besiegen den Krebs

Kampf gegen den Krebs/1949

30 000 Kinder werden leben!

Herz-Lungen-Maschine/1958

Lichtschalter werden überflüssig, weil Elektrizität demnächst so billig wird, daß es nicht mehr lohnt, sie auszuschalten. Statt des Parkplatzes vor dem Haus wird ein „Heli Pad" zum gehobenen Eigenheim gehören, für den Privat-Hubschrauber. Und ein Atom-Flugzeug, das mit einer Uranfüllung mehrmals um den Planeten fliegen kann, befindet sich hinter dem Eisernen Vorhang bereits in Erprobung, meldete ein angesehenes Fachblatt – inklusive Fotos.

Solche Meldungen und Meinungen waren Ende der vierziger, Anfang der fünfziger Jahre nicht ungewöhnlich. Die Atombombe hatte soeben die schrecklichen Kräfte demonstriert, die der Mensch neuerdings entfesseln konnte. Man wußte nicht so recht, ob man sie eher fürchten oder bewundern sollte. Das Bikini-Atoll, Stätte der ersten Atom-Tests nach dem Krieg, hinterließ seine Spur in der Umgangssprache als Bezeichnung für einen kessen Badedress. Über den gefährlichen Fallout verlor man keine Worte. Und Robert Oppenheimer, Konstrukteur der Atombombe, wurde mit neugierigen Fragen aus dem Volke überschüttet, wie er in seinen Erinnerungen berichtet. Was die naiven Amerikaner am meisten interessierte: „Welche Farbe hat Plutonium?"

Wernher von Braun, Schöpfer der deutschen „Vergeltungswaffe" V-2, hatte sich in Huntsville in der amerikanischen Provinz niedergelassen und verkündete aller Welt, daß es nun an der Zeit sei, kirchturmgroße Raketen zu bauen. Den Militärs raunte er zu, damit könne man binnen einer halben Stunde die Sowjetunion erreichen. Dem zivilen Publikum malte er aus, solche Raketen könnten Menschen zum Mond transportieren. Nichts schien unmöglich.

Es war die Zeit der Senkrechtstarter und Atomschiffe, der schwebenden Autos und lichtschnellen Mars-Schiffe. Die Menschen irrten zwischen größenwahnsinnigen Tagträumen und wirtschaftlichen Realitäten hin und her. Wer über Investition zu entscheiden hatte, war nicht zu beneiden. Die Flugzeugbauer zum Beispiel wußten nicht, an wen sie sich halten sollten: an die Phantasten, die das „Düsen-Zeitalter" verkündeten, oder an die konservativen Kaufleute in den Airlines, die lieber rentabel fliegen wollten – mit Propellern.

Das einfache Volk hatte andere Sorgen. Es las in der Zeitung von Zyklotron und Ionenaustauscher, von Alphastrahlen und Festtreibstoff-Raketen – und verstand das alles nicht. Seriöse Zeitungshäuser legten sich Wissenschaftsredakteure zu.

Wir waren in Rußland
als ‚Sputnik' startete

Start des „Sputnik"/1957

Algerien am Rhein

Herz-Lungen-Maschine/1958

Wankel fand den rechten Dreh

Wankel-Motor/1959

Die interessantesten Ereignisse liefen dennoch an den Medien vorbei. Die USA brachten eine Massenproduktion von Wasserstoffbomben in Gang, deren Ausmaß wohl nicht einmal der Kreml ahnte. 1967 verfügten die vier Teilstreitkräfte bereits über 32 000 Atomsprengköpfe – grobe Massenvernichtungsmittel mit kilometerweiter Streuung und gewaltiger Sprengkraft. In Deutschland waren schon damals Megatonnen-Marschflugkörper („Mace") stationiert, die bis Moskau reichten – eine militärische Provokation, die damals, anders als später bei der „Pershing 2", keinerlei Widerstand hervorrief.

In Lucens, einem Städtchen der West-Schweiz, ereignete sich 1969 die erste Kernschmelze der Welt. Nach einer Blockade des Kühlwasserdurchflusses überhitzte sich eins von 72 Brennelementen und sprengte den radioaktiven Primärkreis. Der Versuchsreaktor, in einer Felsenhöhle errichtet, wurde einfach zugemauert. Er strahlt noch Jahrhunderte.

Heute ist absehbar, daß das vielgepriesene, vielgeschmähte Atomzeitalter schon nach kurzer Zeit zu Ende geht – sowohl durch Fahrlässigkeit der Atom-Promoter als durch den Widerstand der Bürgerinitiativen. In Tschernobyl führte ein von allen guten Geistern verlassenes Team leichtsinnige Experimente durch, so daß ein vom Prinzip her schon unsicherer Reaktor explodierte und halb Europa in Schrecken versetzte.

Als Alternative zum Uran, so prophezeien die Männer vom Strom, wird die Kohle eine Renaissance erleben. Sie hat, wie Wissenschaftler längst wissen, ebenfalls ihre Risiken: Bei ihrer Verbrennung entweicht unsichtbares Kohlendioxid gleich kubikkilometerweise in die Atmosphäre und fördert über den „Treibhaus-Effekt" die Klima-Katastrophe. Ganz abgesehen von den Krebskranken, die ihre Leiden den Verbrennungsprodukten der Kohle verdanken. Darüber sprechen nicht einmal die Betreiber der Atomkraftwerke – sie betreiben auch Kohlekraftwerke.

Diese Menschheitsplage, das Karzinom, trotzt jedem Fortschritt. Trotz Milliarden Mark Forschungsausgaben, trotz jahrzehntelanger Forschung zeichnet sich kein Durchbruch zu einer erfolgversprechenden Therapie ab. Die medizinischen Autoritäten haben zwar herausgefunden, daß es verschiedene Krebserkrankungen gibt und daß jede Krebsart einer eigenen Behandlung bedarf. Doch die Erfolge sind bescheiden.

Erfolg hatten die Mediziner mit dem Ersatzteil-Service. Im Dezem-

ber 1967 pflanzte der südafrikanische Chirurg Christiaan Barnard seinem Landsmann Louis Washkansky ein fremdes Herz ein – ein Aufschrei ging um die Welt. Heute gehören Transplantationen zur Krankenhaus-Routine: Herz, Leber, Lunge und Nieren werden ausgewechselt.
Die idealen Ersatzteile, so hoffen Mediziner, werden bald nicht mehr von Toten, sondern vom Fließband kommen. Sie denken an künstliche Herzen – kompakte, wartungsfreie Blutpumpen aus Stahl und Plastik. Doch alle Experimente endeten bisher in einer Sackgasse: Es gibt keine Energiequelle, die dem Vorbild auch nur nahekommt – klein wie eine Faust und 70 Jahre Dauerbetrieb ohne Wartung und ohne Nachtanken.
Herzschrittmacher, die müden oder unregelmäßig schlagenden Herzen durch Stromstöße den richtigen Rhythmus aufzwingen, gelten als Vorläufer solcher Ersatzteil-Chirurgie. Mehr als eine Million Menschen verdanken diesem Taktgeber ihr Leben. Der erste war der Schwede Arne Larsson. Sein Gerät, ein primitives Kompendium aus Transistoren und Kondensatoren, funktionierte ganze sechs Stunden lang. Heute lebt Arne Larsson immer noch – mit Schrittmacher Nummer 24. Moderne Geräte sind programmierbar, kommen mit einer einzigen Batterie zehn Jahre aus und sind dennoch kleiner als der Prototyp aus dem Jahr 1958. Doch derlei technische Wunder beschränken sich auf die Welt der Elektronik, die mit kleinsten Mengen Energie auskommt. Sobald Power gefragt ist, bleibt das Original aus Fleisch und Blut unerreicht.
Das sind bittere Einsichten für Zeitgenossen, die in den fünfziger Jahren vom Aufbruch ins Reich der unerschöpflichen Energie träumten.

PETER THOMSEN

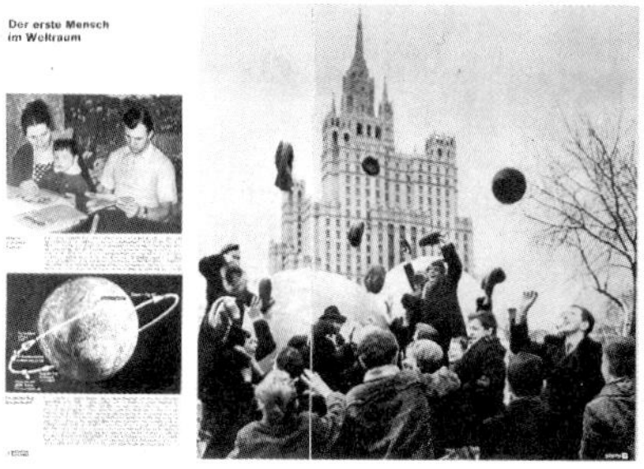

Juri Gagarin/1961

Jungfernflug der „Concorde"/1976

25. Februar 1948: Gründung der Max Planck-Gesellschaft in Göttingen

Oktober 1948: Die UdSSR beginnt mit dem Bau von Atomwaffen

22. Dezember 1949: Erstmals wird ein Transistor in ein technisches Gerät eingebaut

1950: Mit dem Univac I wird in den USA der erste Computer in Fließbandfertigung hergestellt

Südsee 1970. Trotz der Proteste von Umweltschützern läßt Frankreich auf dem Mururoa-Atoll eine Wasserstoffbombe mit der Zerstörungsgewalt von einer Million Tonnen herkömmlichen Sprengstoffs explodieren. Nach dem Versuch geht über weiten Teilen der Erde radioaktiver Staub nieder. Ein Fremdenlegionär macht von einem Beobachtungsflugzeug aus heimlich eine Aufnahme von dem Atompilz und schmuggelt den Film im doppelten Boden eines Koffers nach Europa

SYGMA

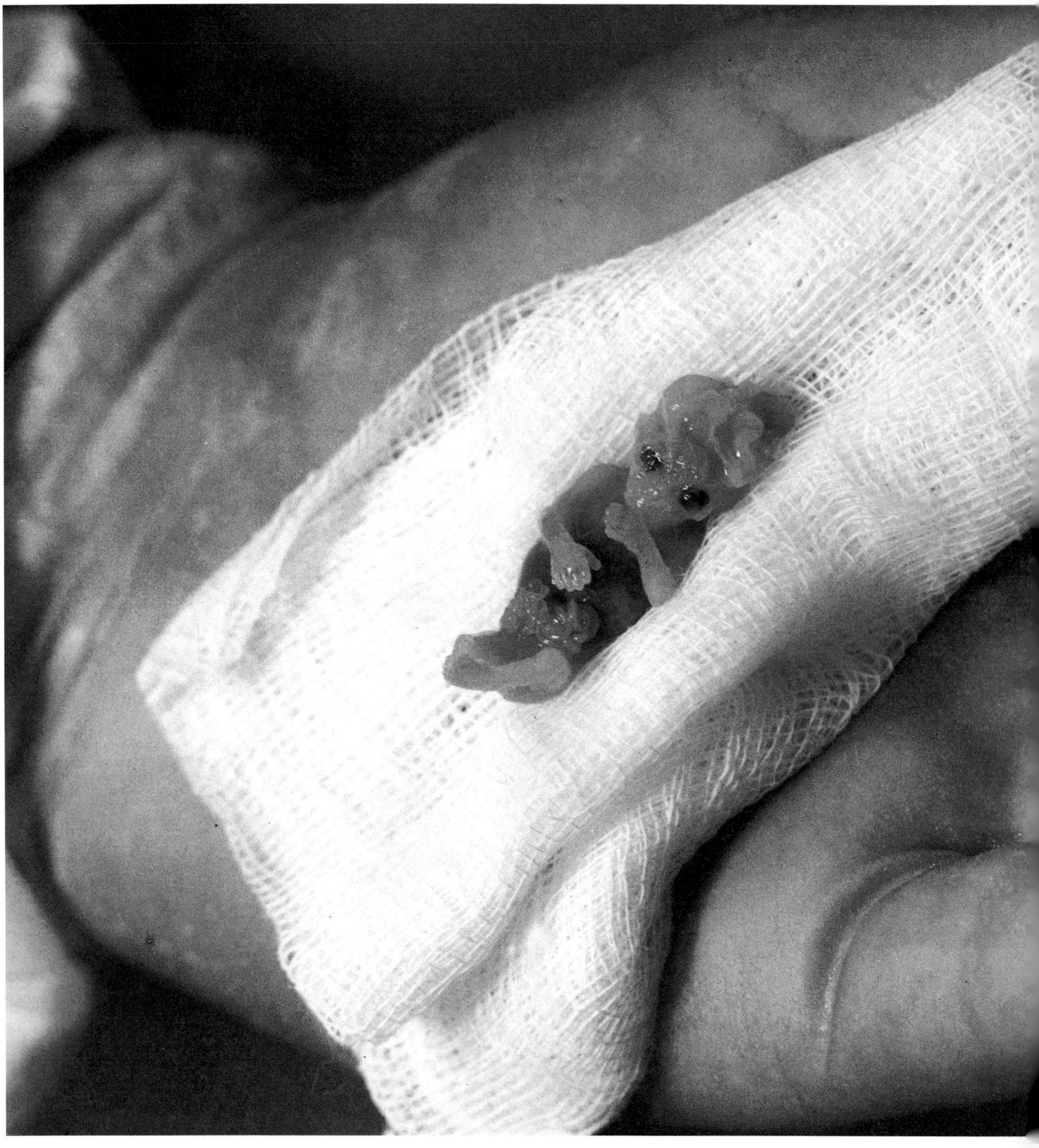

London 1968. Ein etwa acht Wochen alter Embryo, den eine Frau in der Privatklinik eines Londoner Arztes abtreiben ließ. In den sechziger Jahren fahren Tausende bundesdeutscher Frauen zu Schwangerschaftsunterbrechungen nach Großbritannien, das früher als die Bundesrepublik das Abtreibungsrecht liberalisiert hat

EBERHARD SEELIGER

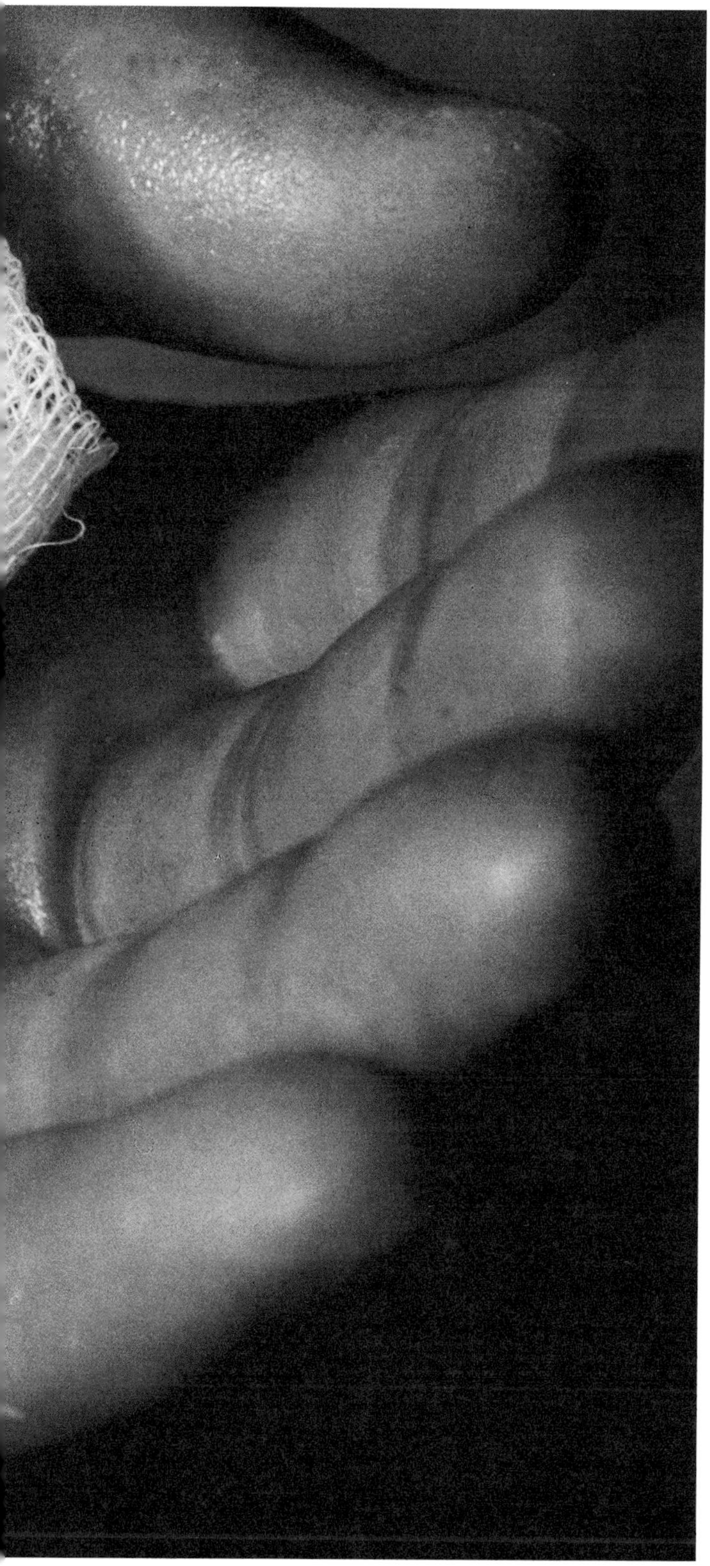

Westeuropa 1958–1962. Innerhalb von fünf Jahren kommen rund 10000 Kinder zur Welt, die keine Arme haben, viele nicht einmal Beine. Man nennt sie Contergan-Kinder nach einem das Ungeborene schädigenden Schlafmittel, das die Mütter eingenommen hatten

Fotograf unbekannt

4. Oktober 1957: Die Sowjetunion schickt den ersten künstlichen Satelliten, „Sputnik", in den Weltraum

24. Januar 1958: Forscher melden die erste kontrollierte Kernfusion

31. Januar 1958: Der erste US-Satellit, „Explorer", wird ins All geschossen

Oktober 1958: Die US-Firma „Texas Instruments" produziert den ersten Chip

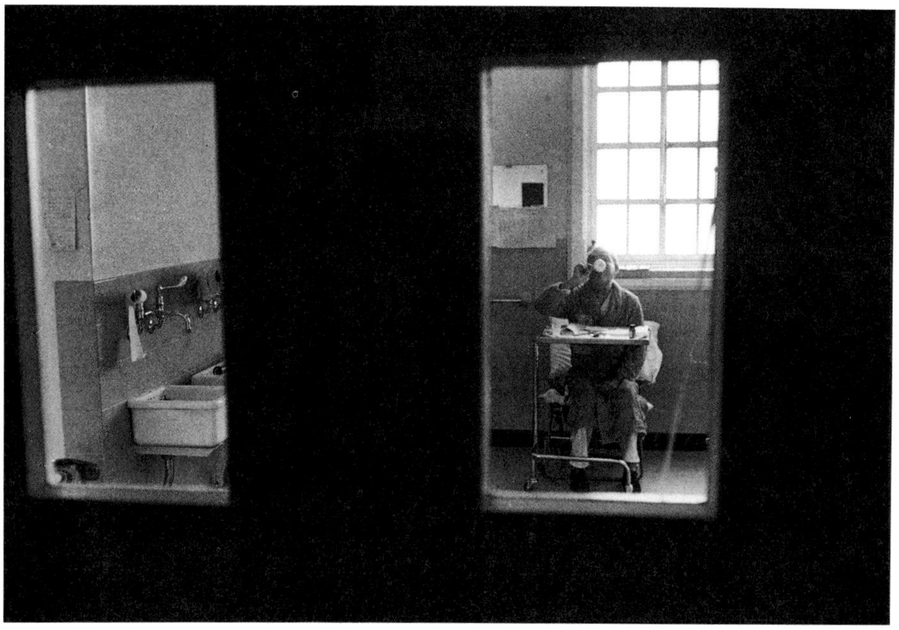

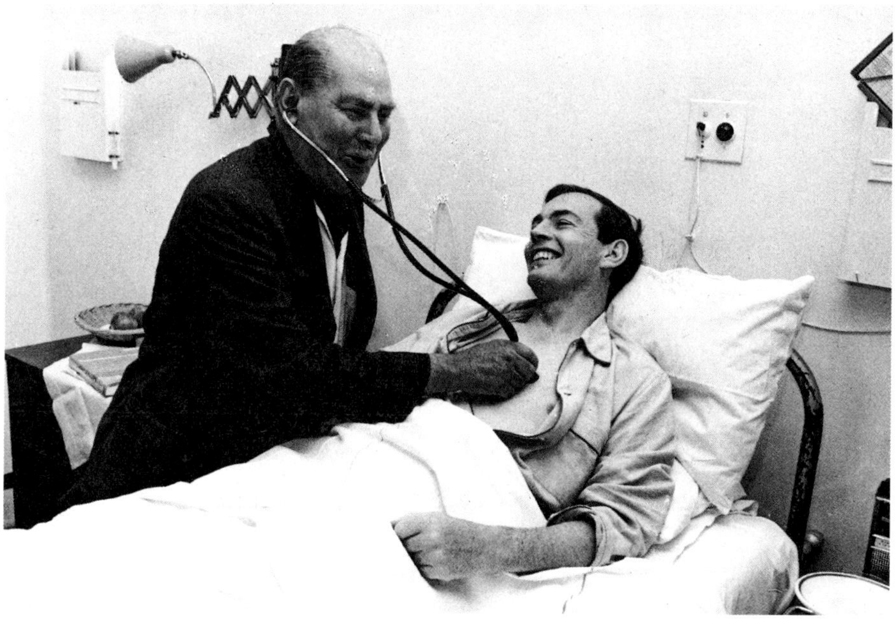

USA 1972. In einem Versuchslabor haben Forscher einem Affen einen Teil des Gehirns durch ein Stück Kunsthirn ersetzt, über das sie seine Armbewegungen beeinflussen können. Die Experimente sollen später gelähmten Menschen zugute kommen

EBERHARD SEELIGER

Südafrika 1967. Der Zahnarzt Philip Blaiberg nimmt in einem extrem sterilen Klinikraum in Kapstadt seinen Morgenkaffee ein. In seiner Brust schlägt das Herz eines Toten, das ihm der Chirurg Christiaan Barnard an Stelle seines kranken Herzens eingesetzt hat. Einige Monate nach der Herztransplantation ist der Patient so gut auf dem Posten, daß er zum Spaß einmal seinen erkrankten Arzt mit dem Stethoskop abhorchen darf

MAX SCHELER (o.)
EPOQUE LTD

20. Juli 1969. Der amerikanische Astronaut Neil Armstrong betritt als erster Mensch den Mond und hinterläßt auf der staubigen Oberfläche des Erdtrabanten seine Fußspuren. Armstrong wird von seinem Kollegen Edwin Eugene Aldrin fotografiert, der 18 Minuten später aus der Mondfähre „Eagle" steigt

NASA

25. Juli 1963: Der Kernforschungsreaktor Jülich wird in Betrieb genommen

19. September 1965: Erstmals erstellt ein Computer bei einer Bundestagswahl Hochrechnungen

Oktober 1965: In einem Labor stellt die NASA das lauteste Geräusch der Welt (210 Dezibel) her

15. Dezember 1965: Erstes Rendezvous zweier bemannter Raumkapseln im Weltraum

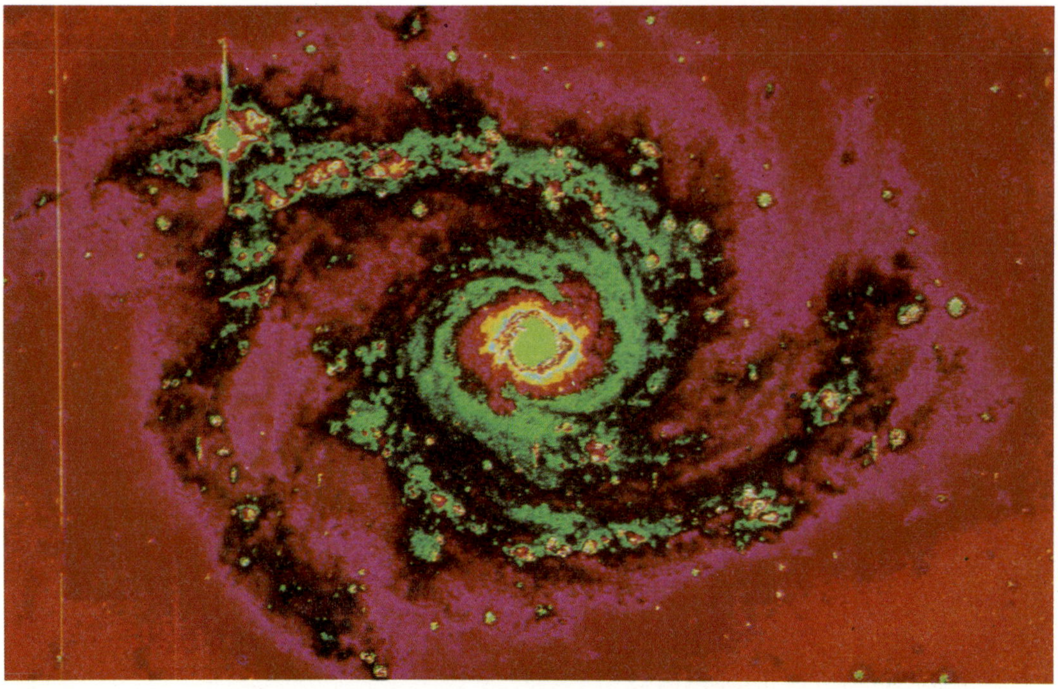

Weltraumforschung. Die europäische Südsternwarte in Chile fotografiert 1981 mit einer Spezialkamera die 50 Millionen Lichtjahre entfernte Spiral-Galaxie NGC 2997, deren hellste Stellen im Computerbild grün und deren dunklere rot erscheinen. Im selben Jahr sendet die amerikanische Raumsonde Voyager 2 gestochen scharfe Fotos des Planeten Saturn mit seinen über tausend Ringen und 15 Monden zur Erde. Rechts: 1984 schwebt der Amerikaner Bruce McCandless mit seinem von einer Weltraumfähre aus gestarteten Ein-Mann-Raumschiff 300 Kilometer über dem Erdboden. Als Antrieb des 140 Kilo schweren „Manövrierstuhls" dienen 24 in den Armlehnen untergebrachte Stickstoff-Düsen. Das für 150 Millionen Dollar entwickelte Gerät soll Astronauten Arbeiten außerhalb ihrer Raumfähre ermöglichen

ESO (o.)
JET PROPULSION LAB
NASA (r.)

13. Februar 1969: Erste Herzverpflanzung in der Bundesrepublik

4. April 1969: Erste erfolgreiche Implantation eines Kunstherzen in Houston/USA

Februar 1970: Erste erfolgreiche Nerventransplantation in einer Münchner Klinik

2. März 1970: Die amerikanische Rakete „Pionier" hebt mit einer Rekordgeschwindigkeit von 51682 Stundenkilometern ab

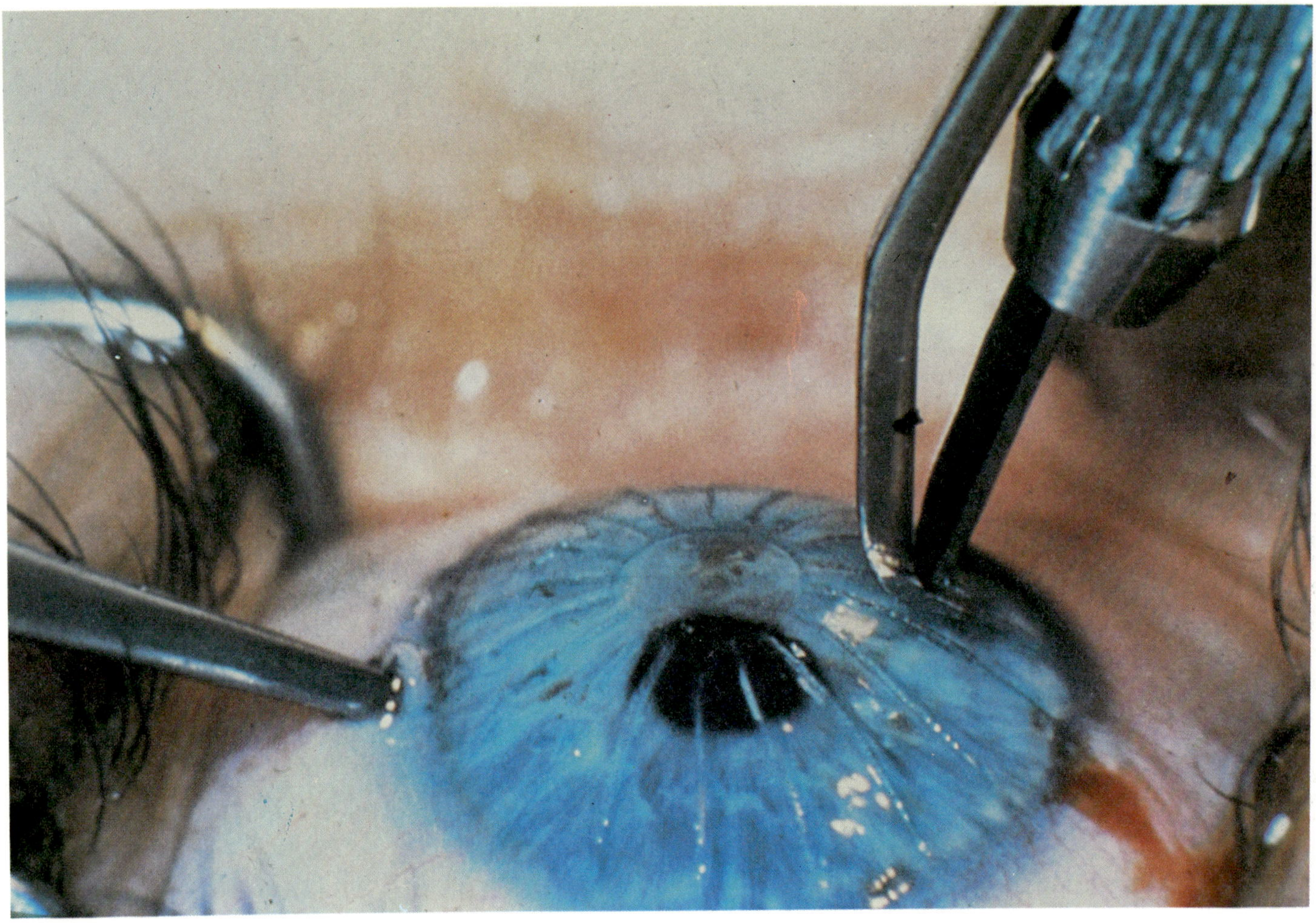

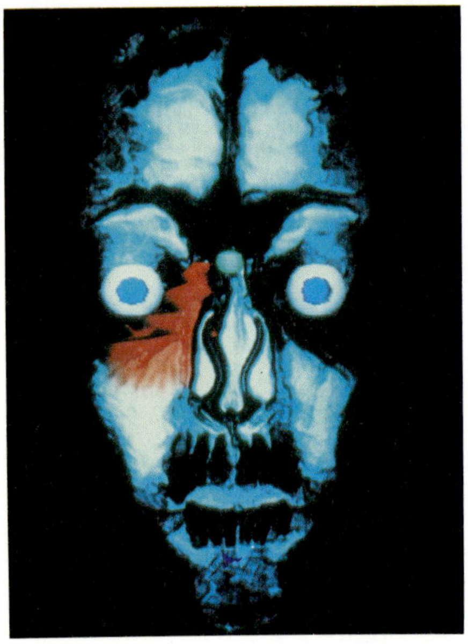

Neue Techniken. In Moskau macht Professor Swatoslaw Fjodorow Kurzsichtige durch einen computergesteuerten Eingriff wieder normalsichtig. Durch 16 Einschnitte (Foto oben) wird die Krümmung der Hornhaut so verändert, daß sich die Lichtstrahlen auf der Netzhaut wie bei einem normalen Auge bündeln und der Patient keine Brille mehr braucht. Foto links: Aufnahmen mit dem im Westen entwickelten Kernspin-Tomographen machen die Signale von Wasserstoffatomen im menschlichen Körper sichtbar. Unterschiede des Wassergehaltes in den Zellen stellen sich in unterschiedlichen Farben dar. So erscheint die Krebsgeschwulst unter dem Auge eines Mannes rot

DIETER HEGGEMANN (o), HOWARD SOCHUREK

August 1975: Bericht des Bundesforschungsministeriums: Jeder fünfte Deutsche stirbt an Krebs

7. Februar 1976: Das größte Spiegelfernrohr der Welt wird im Kaukasus in Betrieb genommen

1977: Den USA gelingt die Entwicklung der Neutronenbombe

26. Februar 1977: Die US-Raumfähre „Space Shuttle" startet auf dem Rücken einer Boeing 747 zu ihrem Jungfernflug

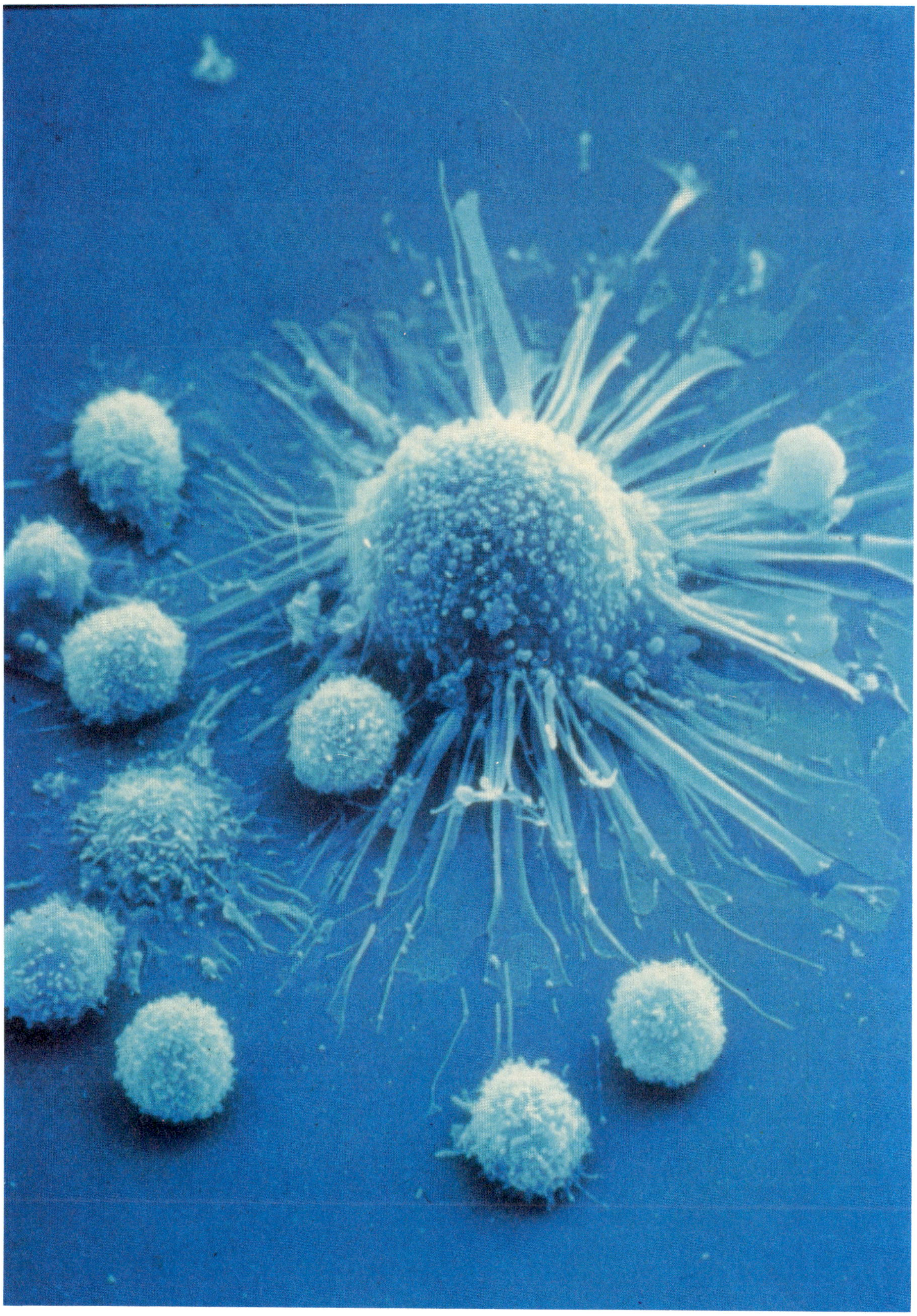

Gentechnik. 5000fach vergrößert: Durch Signalstoffe, sogenannte Lymphokinen, alarmierte weiße Blutkörperchen greifen eine Krebszelle an, um sie zu töten. Gentechniker pflanzen heute Gene (das Erbmaterial) von Lymphokinen schnellwachsenden Mikroorganismen ein. Dadurch kommt es zu einer künstlichen Massenproduktion der Signalstoffe, die vielleicht eines Tages zur Krebsbekämpfung eingesetzt werden können

LENNART NILSSON

Januar 1978: Weltweit sind 191 Kernkraftwerke in Betrieb

26. Juli 1978: In England wird das erste Retortenbaby der Welt geboren: Louise Browne

Januar 1979: Erster Smogalarm in der Geschichte der Bundesrepublik in Nordrhein-Westfalen

März 1979: Schwerer Unfall im amerikanischen Atomkraftwerk Three Mile Island bei Harrisburg

Japan 1984. Techniker des japanischen Raumfahrtzentrums Nasda haben eine riesige Halle mit 35 600 Kunststoffdornen ausgekleidet und darin zwei Antennenmasten installiert. Wie im Weltall gibt es in dem Versuchsraum kein Funkecho, weil der Dornenwald die Wellen nicht reflektiert. Dadurch können hier Sende- und Empfangsanlagen von Satelliten schon auf der Erde unter Weltraumbedingungen getestet werden

GEORG FISCHER

12. April 1981: Erster Start der amerikanischen Raumfähre Columbia

April 1982: Das erste deutsche Retortenbaby kommt in Erlangen zur Welt

Dezember 1982: Erste Kunstherztransplantation im amerikanischen Salt Lake City

April 1983: In der kalifornischen Mohave-Wüste geht das erste Solarkraftwerk der Welt in Betrieb

USA 1986. Fünf Menschen gehen mit Schutzglocken durch ein Kornfeld. Es sind Allergiker. Das Einatmen gefilterter Luft soll sie vor dem Ausbruch von Heuschnupfen bewahren. In der Bundesrepublik leidet zur Pollenflugzeit zwischen Mai und September jeder zehnte Einwohner unter allergischen Erkrankungen

BEN GIBSON

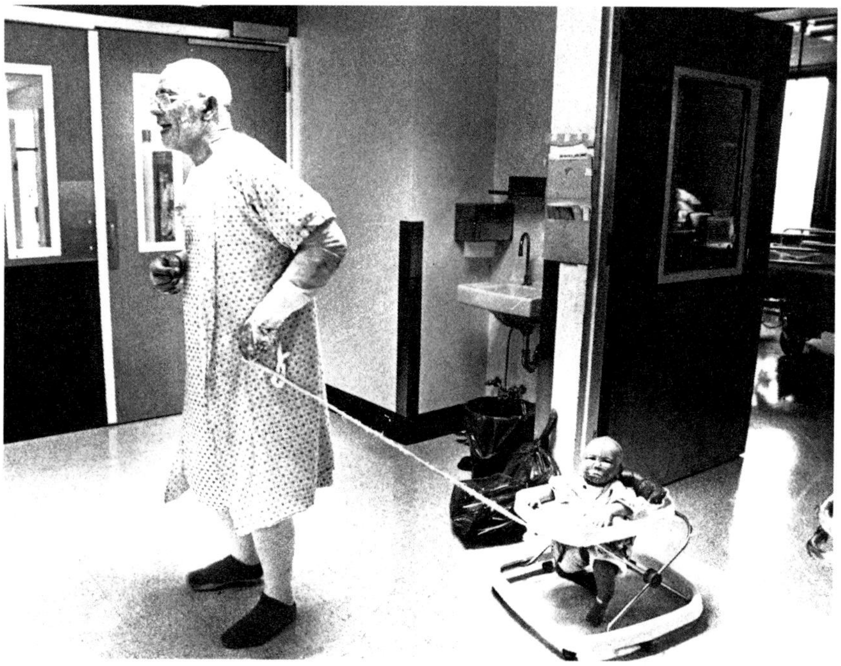

New York 1986. Am Cornell Medical Center zieht der 63jährige Gerald Oderkirk den acht Monate alten Renny über den Flur, der eine Ledermaske trägt. Beide Patienten sind Opfer schwerer Verbrennungen. Die Ärzte versuchen ihnen durch Transplantation „künstlicher Haut" zu helfen, die aus den Hautzellen Verstorbener gezüchtet wird

CHUCK FISHMAN

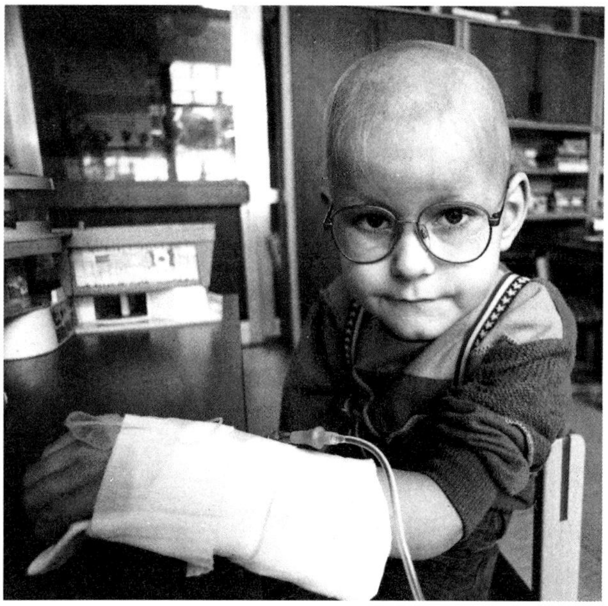

Düsseldorf 1985. Der sechsjährige Markus ist Patient der Düsseldorfer Universitätsklinik. Er leidet an Leukämie. Damit er die Nadel für die notwendigen Infusionen nicht herausziehen kann, ist sein linker Arm dick verbunden

AXEL CARP

Sterbende Völker. Ein alter, fast blinder Krieger vom aussterbenden Stamme der Pokof in Kenia. Durch die industrielle Zivilisation sind die letzten Naturvölker auf der Erde vom Aussterben bedroht

MICHAEL FRIEDEL

Südamerika 1984. Um neue Äcker für die wachsende Bevölkerung zu schaffen, wird immer mehr Tropenwald abgebrannt. Neben der unausweichlichen Bodenerosion steigt neben Rauch und Ruß soviel Kohlendioxid in die Atmosphäre wie aus den Kraftwerksschloten und Autos der Industriestaaten. Das begünstigt den Treibhauseffekt, der die Erde in eine Klimakatastrophe zu stürzen droht

HANS W. SILVESTER

3. Oktober 1984: Erste Knochenmark-Übertragung der Welt in Hamburg

Oktober 1984: In der Bundesrepublik leben rund 300 000 Menschen mit einem Herzschrittmacher

25. Oktober 1984: Im brasilianischen Itaipu wird das größte Wasserkraftwerk der Welt eingeweiht

26. Oktober 1984: In den USA wird einem Säugling ein Pavianherz eingepflanzt; das Kind stirbt drei Wochen später

Baumsterben.
1972 lag die „Hanskühnenburg", ein beliebtes Ausflugsziel im Harz, noch versteckt zwischen Fichten. 1983 steht sie auf einer kahlen Kuppe. Saurer Regen, Windbruch und Käferfraß haben den Fichtenwald sterben lassen.

RUDOLF BARKE (o.)
AXEL CARP

Rechts: Am Portal des Bamberger Doms künden zwei zerfressene Steinfiguren von der zerstörenden Gewalt des sauren Regens

HANNS-JÖRG ANDERS

22. Februar 1985: In Australien kommen die ersten Zwillinge zur Welt, die sich aus tiefgefrorenen Embryonen entwickelt haben

21. März 1985: Der mit 2,7 Milliarden Mark teuerste deutsche Krankenhausbau, das Großklinikum Aachen, wird eröffnet

18. Juni 1985: Französische Ärzte ersetzen bei einer Patientin Teile des kranken Herzens durch Rückenmuskeln

Juli 1985: In österreichischen Weinen wird das Frostschutzmittel Diäthylenglykol entdeckt

25. September 1985: Erste Rallye für Solarmobile in der Schweiz

28. Oktober 1985: 52 Prozent aller Bäume im Bundesgebiet sind geschädigt

30. Oktober 1985: Das Weltraumlabor „Spacelab" wird auf seine Erdumlaufbahn geschossen

20. Januar 1986: Nach einer WHO-Studie sterben jährlich mindestens eine Million Menschen durch Rauchen

Frankreich 1984. Von einer Müllhalde nordwestlich von Marseille weht der Mistral Plastiktüten ins Land. Ihr Kunststoff ist zu einer der größten Umweltbelastungen geworden, weil er auch in Jahrzehnten nicht verrottet. Auf dem Land und auch in den Meeren gehen unzählige Tiere durch Plastikmaterialien zugrunde

HANS W. SILVESTER

Österreich 1986. Wintersportler fahren bei Sölden mit ihren Autos bis an den Rand eines Gletschers. Insgesamt werden jedes Jahr in den Alpen rund 40 Millionen Touristen gezählt. Die durch Skiläufer, Liftanlagen und den Bau von Straßen und Ferienwohnungen angerichteten ökologischen Schäden sind nicht mehr gutzumachen

DOROTHEA SCHMID

23. Januar 1986: „Voyager II" sendet nach über acht Jahren Flugzeit erste Bilder vom Planeten Uranus

27. Februar 1986: In Erlangen wird das erste deutsche Kind geboren, das aus einem tiefgefrorenen Embryo entstand

7. März 1986: Erste Kunstherzimplantation in Deutschland; der Patient stirbt nach sechs Tagen

14. März 1986: Die europäische Sonde „Giotto" passiert den Halleyschen Kometen

Frankreich 1986. Mit Wasser und rotem Löschpulver versucht ein Feuerwehr-Flugzeug bei Cannes einen riesigen Waldbrand einzudämmen. Mehrere tausend Hektar Wald gehen durch das Feuer verloren

SIPA

Nordsee 1984. Am Strand der ostfriesischen Insel Wangerooge türmen sich schmutzig-weiße Gebirge aus Algenschaum. Tausende Tonnen Nitrat und Phosphat, die mit den Flüssen in die Nordsee gelangen, dienen den Algen als Nährstoffe und führen zu ihrer ungeheuren Vermehrung

HELMUT STRATMANN

8. Juni 1986: In Melbourne pflanzt ein Arzt zwei gehörlosen Kindern die ersten elektronischen Kunstohren ein

Juli 1986: In Australien kommen die ersten Babys zur Welt, die aus tiefgefrorenen Eizellen gezeugt wurden

17. Dezember 1986: Erste Herz-Lungen-Leber-Transplantation der Welt in Großbritannien

14. Januar 1987: 26 von 37 Kleinvogelarten in Europa sind vom Aussterben bedroht

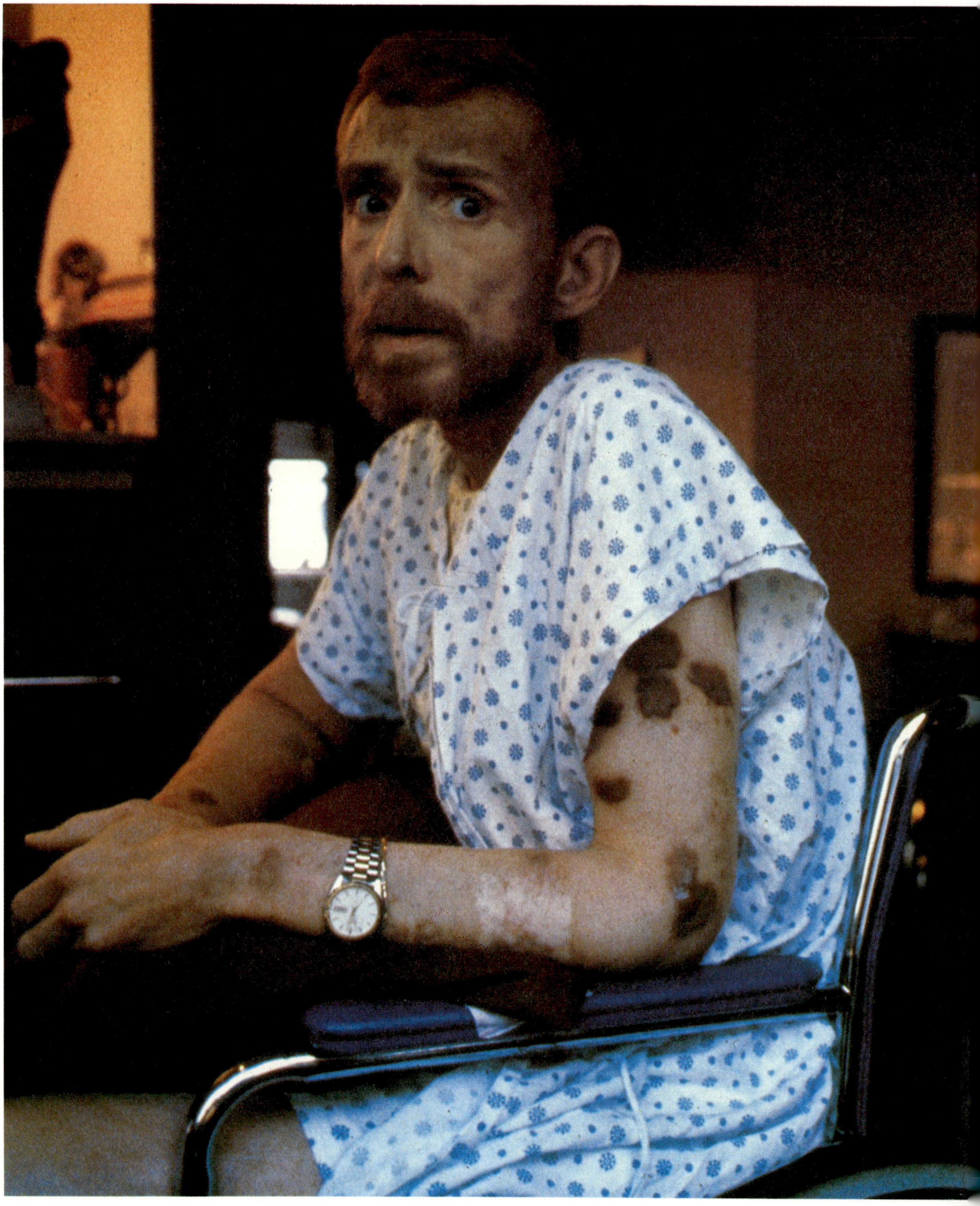

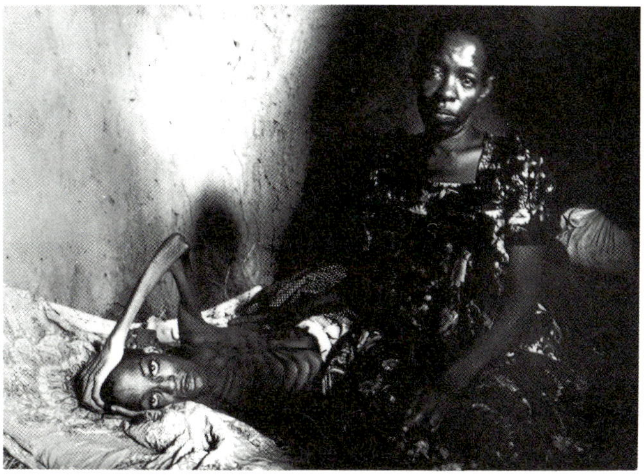

USA 1986. Der 42jährige Homosexuelle Ken Meeks in San Francisco hat nur noch wenige Tage zu leben. Er leidet an Aids. Auf seiner Haut sind die dunklen Flecken des Kaposi-Sarkoms zu sehen, das häufig mit der Immunschwächekrankheit einhergeht

ALON REININGER

Uganda 1988. Der 16jährige Charles Nakafeelo ist durch Aids zum Skelett abgemagert und so schwach, daß er sich ohne die Hilfe seiner Mutter nicht einmal mehr umdrehen kann. In den afrikanischen Ländern Burundi, Ruanda, Tansania und Uganda hat die Seuche vermutlich Anfang der achtziger Jahre begonnen, ehe sie sich in andere Erdteile ausbreitete

CHRIS STEELE-PERKINS

Biografien der Fotografen

Eddie Adams gilt als einer der am meisten prämierten und am häufigsten veröffentlichten Fotografen Amerikas. Er war Berichterstatter in zwölf Kriegen und wurde für seine hier abgedruckte Fotofolge mit dem Pulitzer-Preis ausgezeichnet. Veröffentlichungen in allen großen Zeitschriften. (S. 111)

Hanns-Jörg Anders, geboren 1942 in Gardelegen. Anders ist gelernter Kaufmann, kam aber schon früh zum Fotojournalismus. Er arbeitete freiberuflich für *Eltern* und *Twen* und ist seit 1968 beim *Stern*. 1968 gewann er den „Deutschen Jugendphotopreis" und 1969 wurde er im „World Press Photo"-Wettbewerb für das Foto des Jahres ausgezeichnet. (S. 122, 309)

Micha Bar-Am, geboren 1930 in Berlin. Die Familie emigrierte 1936 nach Palästina. Seine ersten Fotoarbeiten waren der Alltag im Kibbuz Malkiya und 1954 die sensationelle Entdeckung der Schriftrollen am Toten Meer. Bar-Am nahm als Soldat am Sinai-Feldzug teil und wurde 1957 Fotograf und Korrespondent für die Zeitschrift der Armee, *Bamahane*. Als einziger israelischer Fotograf war Bar-Am beim Eichmann-Prozeß dabei. 1966 machte er sich selbständig und fotografierte den Sechs-Tage-Krieg für die *New York Times*. (S. 120)

Rudolf Barke, geboren 1928 in Klausthal. Nach einer Schweißerlehre wurde Barke Soldat und arbeitete nach dem Kriege zwanzig Jahre als Bergmann. 1973 machte er sich selbständig. (S. 308)

Dieter Bauer, geboren 1954 in Schweinfurt. Während einer Ausbildung zum Schriftsetzer und Typografen erste fotografische Arbeiten. Ab 1973 war er u. a. Fotoreporter für die *Nürnberger Nachrichten*, die *Abendzeitung* Nürnberg und *Associated Press*. Seit 1983 fotografiert Bauer für den *Stern* in Bonn. (S. 60)

Wilfried Bauer, geboren 1944 in Ingelheim. Bauer machte eine Fotolehre im elterlichen Geschäft und arbeitet seit 1969 als freier Fotograf in Hamburg. (S. 202, 203)

Ian Berry, geboren 1934 in Preston/England. Berry arbeitete zunächst als Journalist für den *Daily Mail* und das *Drum Magazine* in Johannisburg. Danach war er freier Fotograf in Südafrika, Paris und London. Von 1961 bis 1964 war er Mitglied von *Magnum*, Paris und New York. Seine Bilder wurden u. a. 1972 in der Londoner Whitechapel Art Gallery gezeigt. (S. 125)

Dieter Blum, geboren 1936 in Esslingen. Blum, als Fotograf Autodidakt, begann eine kaufmännische Ausbildung. Er arbeitet seit 1965 als freier Fotograf, hauptsächlich für *Stern, Geo* und *Playboy*. Letzte Veröffentlichungen zusammen mit Erich Follath „Nippon – Der neue Superstaat Japan" (Stuttgart 1984); „Auslöser" mit Texten verschiedener Autoren (Düsseldorf 1986). (S. 200)

Werner Bokelberg, geboren 1937 in Bremen. Bokelberg war von 1960 bis 1969 beim *Stern* und arbeitet seitdem als freier Fotograf in Hamburg. (S. 33, 69, 273)

Marc Bulka, geboren 1956 in Paris. Er begann bei der Agentur *Sipa* und wechselte 1982 zu *Gamma*. Seit 1983 ist Bulka Kameramann beim Ersten TV-Programm. (S. 170)

Henry Bureau, geboren 1940 in Cognac/Frankreich. Bureau war drei Jahre bei der Marine und fing 1961 an zu fotografieren. Er arbeitete für die Agentur *Apis*, war seit 1965 bei den *Reporters associés*, ging 1973 zu *Gamma*, 1980 zu *Sygma* und wurde Chefredakteur bei Sygma Fernsehen, danach arbeitete er für *Presse-Sport Equipe*. (S. 130)

David Cannon, geboren 1955 in London. Cannon arbeitete als Handelsvertreter, ehe er anfing zu fotografieren, zuerst bei der *Leicester News Agency*, seit 1983 bei *Allsport*. (S. 244)

Robert Capa, geboren 1913 in Budapest/Ungarn, starb 1954 in Indochina, als er beim Fotografieren auf eine Mine trat. Nach seinem Studium an der Universität Berlin arbeitete Capa 1931 als Fotoassistent für *Ullstein*. Danach, 1932/33, war er für den *Deutschen Fotodienst* tätig. Ab 1933 arbeitete Capa freiberuflich, bis 1939 in Paris und von 1939 bis 1941 in New York. Für das Magazin *Life* reiste er zwischen 1941 und 1946 als Kriegsberichterstatter durch ganz Europa. 1947 gründete er zusammen mit Cartier-Bresson und David Seymour *Magnum* in Paris. Seine Arbeiten wurden u. a. 1952 im Museum of Modern Art in New York gezeigt. Eine Sammlung seiner Fotografien erschien 1985 in Köln. (S. 69)

Axel Carp, geboren 1941 in Essen/Ruhr. Zunächst Maschinenbau-Studium an der TU Berlin, danach Studium der Fotografie bei Prof. Steinert an der Folkwangschule Essen. Freiberufliche Arbeit für *Spiegel, Zeit* und verschiedene Tageszeitungen. Seit 1970 ist Carp beim *Stern*. 1976 erhielt er den 2. Preis im „World Press Photo"-Wettbewerb. Seine Fotos wurden u. a. in Prag, Essen und Hamburg ausgestellt. (S. 305, 308)

Henri Cartier-Bresson, geboren 1908 in Chanteloup/Frankreich. Ende der zwanziger Jahre studierte er Malerei bei André Lhote und danach Filmtechnik bei Paul Strand. Er wurde Assistent von Jean Renoir drehte er 1937 einen Dokumentarfilm über das republikanische Spanien. 1946 wurden Cartier-Bressons Bilder im Museum of Modern Art, New York, gezeigt. 1947 gründete er die Fotoagentur *Magnum* zusammen mit Capa, Seymour u. a. In den folgenden zwei Jahrzehnten führten ihn Fotoreisen um die ganze Welt. (S. 136)

Sven Creutzmann, geboren 1962 in Berlin. Nach einem längeren USA-Aufenthalt Fotolehre bei Kleinhempel in Hamburg. 1984 erste Arbeiten für *Reuter*, seit 1987 Agentur *Zone 5* in Hamburg. (S. 53)

Françoise Demulder, geboren 1947 in Paris. Sie studierte Philosophie und Kunstgeschichte und arbeitet seit 1973 als Fotografin, zuerst für *Gamma*, danach für *Time* und *Newsweek*. Seit 1986 ist Françoise Demulder freiberuflich tätig. (S. 118)

Max Desfor, geboren 1914 in New York. Desfor wurde 1933 Fotograf für *Associated Press* in New York. Nach Stationen in Baltimore und Washington ging er für *AP* nach Asien. Von 1950 bis 1954 berichtete er aus Korea. Sein Foto der fliehenden Nordkoreaner brachte ihm 1950 den Pulitzer-Preis für Fotografie. (S. 99)

Klaus Drinkwitz, geboren 1942 in Augsburg, volontierte bei der amerikanischen Zeitschrift *The Overseas Weekly* in Frankfurt. Von 1962 bis 1964 drehte er als freier Kameramann mehrere TV-Dokumentarfilme, so in Algerien und Schweden. Danach arbeitete er als Fotograf für die *Frankfurter Abendpost*, seit 1966 für den *Stern*. (S. 54)

Stephane Duroy, geboren 1948 in Paris. Nach dem Jurastudium wurde Duroy Fotograf und arbeitete nach einer kurzen Zeit bei *Sipa* zwölf Jahre für die Agentur *Rapho*. Seit 1986 ist er bei der Agentur *Vu*. (S. 147, 148, 149)

Werner Ebeler, geboren 1921 in Essen. Ebeler machte eine Lehre als Reprofotograf und war während des Dritten Reiches Fotograf bei der Luftwaffe. Nach dem Kriege arbeitete er für *NRZ* und *WAZ*, danach für *Neue Revue* und *Constanze*. Seit 1969 Fotoreporter beim *Stern* mit Schwerpunkt Prozeßberichterstattung. (S. 217)

Ron Edmonds, geboren 1946. Zwischen 1972 und 1978 Fotograf in Hawaii. Danach war Edmonds drei Jahre Bürochef von *UPI* in Sacramento/Kalifornien und ist seit 1981 Fotograf für *AP* in Washington. Für seine Fotos vom Attentat auf Reagan wurde er 1982 mit dem Pulitzer-Preis ausgezeichnet. (S. 174, 175)

Dirk Eisermann, geboren 1957 in Hamburg. Gelernter Schaufenstergestalter, Studium der Sozialpädagogik. 1981 gründete Eisermann mit anderen die Fotoagentur *Argus*. (S. 52)

Bill Eppridge, geboren 1938 in Buenos Aires/Argentinien. Eppridge studierte an der Universität von Missouri Journalistik. Er arbeitete Anfang der 60er Jahre für das *National Geographic Magazine* und wechselte 1963 zu *Life* nach New York. 1973 arbeitete er für *Time* in Los Angeles. 1976 ging Eppridge dann zu *Sports Illustrated*. (S. 160)

Hans Feurer, geboren 1939 in Alt St. Johann/Schweiz. Feurer arbeitete nach seinem Studium an der Kunstgewerbeschule in Zürich sechs Jahre als Art Director in Paris und London. 1967 spezialisierte er sich auf Mode. Bis 1972 lebte er in London, danach in Paris und seit 1979 in der Schweiz. (S. 279)

Susanne Feyll, geboren 1960 in Wiesbaden. Nach der Schule ging Susanne Feyll für drei Jahre nach Costa Rica. Danach arbeitete sie als Fotoassistentin in Hamburg und Frankfurt. Studium des Fotodesign in Darmstadt, seit 1984 Arbeit als freie Fotografin in Hamburg. (S. 206, 207)

Georg Fischer, geboren 1947 in Bonn. Fischer studierte Fotografie an der Essener Folkwangschule bei Professor Steinert. Erste größere Reportagen in Peru und Vietnam. Von 1976 bis 1983 war er Mitglied der Fotografengruppe *Visum*. 1986 trat er der Agentur *Bilderberg* bei. Ständiger Mitarbeiter von *Geo* für Themen aus Wissenschaft und Technologie. (S. 302)

Chuck Fishman, geboren 1953. Fishman studierte Fotografie an der Universität von Southern Illinois. Preisgekrönte Fotoessays über polnische Juden („Polish Jews—The Final Chapter", New York 1977), über alte Jazzmusiker und Emigranten. Zahlreiche Ausstellungen und Fotobänden. (S. 305)

Frank Fournier, geboren 1948 in Saint-Sever/Frankreich. Fournier fing nach dem Medizinstudium bei der Agentur *Contact* an, für die er hauptsächlich sozialpolitische Themen fotografiert. Er lebt in New York. (S. 230)

Jean-Claude Francolon, geboren 1944 in Givors/Frankreich. Ausbildung als Ingenieur. Francolon arbeitet seit 1968 als Fotograf für verschiedene Agenturen und ist seit 1973 bei *Gamma*. (S. 150)

Michael Friedel, geboren 1935 in Berlin. Nach einer Ausbildung als Fotolaborant arbeitet Friedel seit 1954 als Fotoreporter, bis 1960 für *Quick* und *Weltbild*, danach bis 1968 beim *Stern*. Seit 1969 ist Friedel freiberuflich tätig. Buchveröffentlichungen u. a.: „Südsee-Inseln" (1978), „Verlorene Menschen" (1984). (S. 191, 194, 195, 306)

Jürgen Gebhardt, geboren 1942 in Hamburg. 1970 Promotion zum Dr. rer. pol. Schon während des Studiums fotografierte er für Hamburger Tageszeitungen. 1976 kam er zum *Stern*. (S. 39, 42)

Georg Gerster, geboren 1928 in Winterthur/Schweiz. Nach seinem Germanistikstudium war Gerster von 1950 bis 1956 Wissenschaftsredakteur der *Weltwoche.* Seitdem arbeitet er als freier Schriftsteller und Fotograf. Ausgedehnte Reisen durch Afrika, den Nahen Osten, Mittel- und Südamerika und die Antarktis. Regelmäßige Mitarbeit bei der *Neuen Zürcher Zeitung, Geo, National Geographic* und beim *Sunday Times Magazine.* Zahlreiche Buchveröffentlichungen. (S. 258)

Ben Gibson, geboren 1958 in Turnbridge Wells/England. Gibson war als 16jähriger für die Unesco in der Türkei als Freiwilliger der Erdbebenhilfe. Dort begann er mit dem Fotografieren. Studium der Fotografie in New Mexico. Gibson arbeitete für *Time, Sunday Times, Discover Magazine* und den *Observer.* Er lebt jetzt als freier Fotograf in London. (S. 304)

Sebastian Giefer, geboren 1949 in Frankfurt. Er studierte Grafik, Design und Fotografie in Offenbach und Architektur in München. Giefer ging 1978 nach Hollywood, um dort ein eigenes Studio zu eröffnen. Er ist auf Architektur und Mode spezialisiert. (S. 246)

Rolf Gillhausen, geboren 1922 in Köln. Nach einer Maschinenbaulehre und einem abgebrochenen Studium wurde Gillhausen eingezogen. Nach dem Kriege arbeitete er in verschiedenen Berufen und kam durch Zufall um 1950 zur Fotografie. Er wurde Bildreporter der *Rhein-Neckar-Zeitung* in Heidelberg. Danach war Gillhausen fünf Jahre bei *AP* in Bonn und ging als Reporter zum *Stern.* 1965 wurde er stellvertretender Chefredakteur des Blattes und damit Art Director. 1976 gründete er *Geo.* 1983 wurde er Chefredakteur des *Stern.* Seine Arbeit wurde mit zahlreichen Preisen ausgezeichnet. (S. 72,100, 138, 139, 240)

Tim Graham arbeitete für zahlreiche Londoner Tageszeitungen. Seit seiner ersten Auslandsreise mit Königin Elizabeth II 1968 spezialisierte er sich auf Bilder der königlichen Familie und machte sich 1978 als Fotograf selbständig. Seine Bilder erschienen in zahlreichen Bildbänden und Zeitschriften. (S. 198)

Philip Jones Griffiths, geboren 1936 in Rhuddlan/Wales. Griffiths arbeitete zunächst als freier Pressefotograf und Kameramann für Granada Television in Manchester. Seit 1961 fotografiert er u. a. für *Observer Magazine, Town, Queen, Look, Life, The Sunday Times Magazine, The New York Times* und berichtete aus Rhodesien, Sambia, Sansibar und Vietnam. Außerdem ist er Mitglied von *Magnum* in Paris und New York. Nachdem Griffiths feststellte, daß seine Vietnam-Bilder in Amerika keinen Anklang fanden, brachte ihm eine Aufnahme von Jackie Kennedy den Durchbruch. (S. 109)

Manfred Grohe, geboren 1938 in Tübingen. Lehre als Fotolaborant und anschließend Ausbildung zum Fotografen. 1960 bis 1961 Bordfotograf auf der „Seven Seas". Seit 1964 arbeitet Grohe als freier Fotograf mit den Schwerpunkten Reportagen und Luftaufnahmen. Seit über 20 Jahren ist er freier Mitarbeiter des *Stern.* (S. 50)

Ernst Grossar, geboren 1919 in Toporoutz/Rumänien. Grossar wurde nach dem Krieg Fotograf bei der *Neuen Zeitung* in München und arbeitete dann für die *Revue.* Er war von 1960 bis 1966 beim *Stern* und hatte bis zu seinem Tode 1986 ein Fotofachgeschäft in Freiburg. (S. 16, 20, 21)

Bert Hardy, geboren 1913 in London. Hardy begann seine Laufbahn mit Aufnahmen von Rennradprofis. Er eröffnete eine Agentur, *Criterion Press,* 1940. Seine Reportagen aus allen Teilen der Welt erscheinen bis zu ihrer Einstellung 1958 in der Londoner *Picture Post.* Hardy machte die ersten Aufnahmen von der Befreiung Bergen-Belsens und schockte die Amerikaner mit seinen Fotos von den Mißhandlungen koreanischer Kriegsgefangener. (S. 98)

Jebb Harris, geboren 1951 in Chicago. Nach dem Studium an der Universität von Louisville/Kentucky, arbeitete Harris für kleinere Zeitungen in Kalifornien und Kentucky. Seit 1983 ist er Fotoredakteur des *Orange County Register* in Santa Ana, Kalifornien. (S. 256)

Steffen Hauser, geboren 1958 in Ludwigsburg. Nach dem Praktikum in einem Werbestudio studierte Hauser an der Fachhochschule Dortmund. Seit seinem Examen freier Fotograf in der Stuttgarter Agentur *Kontakt.* (S. 55)

Thomas Hegenbart, geboren 1951 in Detmold. Ausbildung als Werbefotograf. Danach reiste Hegenbart im Auftrag großer Zeitschriften durch Australien und Südostasien. Seit 1982 arbeitet er als freier Bildjournalist u. a. für den *Stern,* für *Geo,* das *Zeitmagazin,* den *Spiegel, Natur* und *Life.* (S. 147)

Dieter Heggemann, geboren 1925 in Düsseldorf. Nach zwei Jahren als Soldat und dem Abschluß des Abiturs machte Heggemann eine Lehre als Fotokaufmann und anschließend ein zweijähriges Volontariat bei einem Pressefotografen. Ab 1951 arbeitete er als freier Pressefotograf im Rhein-Ruhr-Raum. Von 1955 bis 1960 war Heggemann Norddeutschland-korrespondent für die *Revue.* Seit 1960 beim *Stern.* (S. 31, 300)

Tobias Heldt, geboren 1953 in Frankfurt. Nach dem Studium der Volkswirtschaft war Heldt sieben Jahre freier Fotograf für Hamburger Zeitungen und den *Stern.* Seit 1985 arbeitet er ausschließlich für Tageszeitungen. (S. 48)

Eckhard Herfert, geboren 1948 in Au/Hallertau. Herfert arbeitete als Wissenschaftsfotograf am Max-Planck-Institut in Garching und ist seit 1980 freier Bildjournalist mit dem Schwerpunkt Sport. (S. 261)

Thomas Hesterberg, geboren 1936 in Berlin. Beruf: Collagist. Ausstellungen seit 1956. Studium an der FU Berlin mit den Schwerpunkten Ästhetik und Politik. Filmarbeiten und journalistische Tätigkeit. Letzte Ausstellung: „Image & Imagination", Bangkok 1987. (S. 33)

Arne Hettrich, geboren 1960 in Heroldstatt-Ennabeuren. Nach der Ausbildung als Drucker war Hettrich freier Mitarbeiter bei Tageszeitungen. Seit 1984 ist er bei der *Schwäbischen Zeitung,* seit 1987 dort Redaktionsleiter. (S. 47)

Volker Hinz, geboren 1947 in Hamburg. Zunächst fünf Jahre Arbeit als Elektronikmechaniker in der Flugzeugindustrie. Während seiner Bundeswehrzeit verkaufte Hinz die ersten Bilder an Zeitungen und Zeitschriften. Einen Namen als Fotojournalist machte er sich als Leiter der Bildagentur *Sven Simon* in Bonn. Seit 1974 fotografiert Hinz für den *Stern,* von 1978—1985 im Auftrag des *Stern* in Nord- und Südamerika. Publiziert wurden seine Bilder in vielen internationalen Zeitschriften u. a. in *Geo, Life, Newsweek, Vanity Fair, New York Magazine* bis *Paris Match* sowie in Foto- und Fachzeitschriften. Seit Ende 1986 ist Hinz wieder in Hamburg. „World Press Photo"-Auszeichnungen, beteiligt an den Bildbänden „A Day in the Life of America" (1986) und „24 Hours Los Angeles" (1984). (S. 88, 116, 248, 280)

Thomas Höpker, geboren 1936 in München. Höpker studierte zunächst Kunstgeschichte und Archäologie in Göttingen und München. Als Fotograf Autodidakt, arbeitete er von 1959 bis 1961 für die *Münchner Illustrierte,* danach von 1962 bis 1964 für *Kristall* in Hamburg und seitdem für den *Stern* u. a. von 1974 bis 1976 als Korrespondent in Ost-Berlin und von 1976 bis 1978 in New York. Von 1978—1981 war er stellvertretender Chefredakteur von Geo-Amerika. Er erhielt zahlreiche Auszeichnungen. Ausgestellt wurden seine Bilder u. a. in New York, Tokyo, Washington, Frankfurt und München. Autor von zwölf Bildbänden. Heute Art Director des *Stern.* (S. 47, 68, 74, 75, 186, 204, 242)

Frank Horvat, geboren 1928 in Abbazia/Italien. Horvat studierte 1948/49 Malerei an der Accademia di Brera in Mailand. Danach arbeitete er in verschiedenen Werbeagenturen und ist seit 1951 freier Fotograf u. a. für *Life, Elle, Vogue, Harper's Bazaar* und *Esquire* in Paris, London und New York. Nachdem Horvat sich in Paris niedergelassen hatte, arbeitete er ab 1956 für die Agentur *Black Star* und danach, von 1959 bis 1962, für *Magnum.* Seit 1968 hat Horvat ein eigenes Studio in Boulogne-Billancourt. (S. 271)

Fred Ihrt, geboren 1918 in Wiesbaden, fotografiert seit 27 Jahren für den *Stern:* über Erdbeben, Seuchen, politische Ereignisse und Katastrophen, über Vulkan-Ausbrüche auf Island, Sturmflut in Asien, Hungersnot in Äthiopien, Kultur-Revolution in China, vom Absturz eines Atom-Bombers am Nordpol, der Rettung von Vietnam-Flüchtlingen aus dem chinesischen Meer und einem privaten Besuch bei Breschnew im Kreml. Beim Krieg in Israel auf den Golan-Höhen flog Ihrts Wagen durch Raketenbeschuß in die Luft. Dabei starb sein Beifahrer. Für seine Fotos von einem Sturzflug auf das griechische Konzentrationslager Jaros erhielt Fred Ihrt den 1. Preis im „World Press Photo"-Wettbewerb, ebenso für seine Reportage „Gott in Rußland". (S. 166, 212, 215)

Tom Jacobi, geboren 1956 in Bonn. Jacobi arbeitete ein Jahr bei der Agentur *Sven Simon* in Bonn und war von 1977 bis 1985 beim *Stern.* Seitdem arbeitet er als freier Fotograf mit den Schwerpunkten Mode und Werbung. (S. 43, 90, 91, 92, 146, 280)

Art Kane, geboren 1925 in New York City. Kane studierte von 1940 bis 1941 und 1946 bis 1950 Fotografie in New York. Kane war Layout-Designer für das *Esquire Magazine,* New York. Von 1952 bis 1956 arbeitete er als Art Director für das *Seventeen Magazine,* New York, und von 1956 bis 1959 für die New Yorker Werbeagentur Irving Serwer. 1959 bis 1973 war er als freier Fotograf für *Look, Life, McCall's, Vogue* u. a. tätig. 1973/74 arbeitete er als Corporate Design Director für *Penthouse* und *Viva,* New York. Seit 1975 ist Kane wieder als freier Fotograf tätig. (S. 278)

Yousuf Karsh, geboren 1908 in Mardin/Türkei. Karsh emigrierte 1924 nach Kanada. Von 1926 bis 1928 arbeitete er als Fotoassistent und begann danach eine Fotoausbildung bei John H. Garo in Boston. Er beendete die Ausbildung 1931 und gründete 1932 ein Fotostudio in Ottawa, in dem er sich auf Porträt-Fotografie spezialisierte. Bekannt wurde Karsh durch eine Aufnahme von Winston Churchill, die 1941 als Titelfoto von *Life* erschien. Er erhielt diverse Gast-Professuren und gewann zahlreiche internationale Preise. Eine Ausstellung zusammen mit Margaret Bourke-White war u. a. 1973 im Santa Barbara Museum of Art in Kalifornien zu sehen. (S. 30)

STERN BILDER. SEIT 40

Reinhart Wolf fotografierte die STERN-Fotografen.

1. Reihe von links nach rechts: Volker Krämer, Dieter Bauer, Volker Hinz, Harald Schmitt, Mihaly Moldvay, Klaus Meyer-Andersen, Jürgen Gebhardt, Peter Thomann, Herbert Peterhofen, Cornelius Meffert, Perry Kretz.

2. Reihe von links nach rechts: Jay Ullal, Hanns-Jörg Anders, Bob Lebeck, Klaus Drinkwitz, Axel Carp.

AHREN AUF KODAK FILM.
HAPPY BIRTHDAY.
Kodak
Professional
Kodachrome
64
Daylight
Lumière
Tageslicht
Colour Reversal Film
Film Reversal Couleur
Reversal-Farbfilm
STALINGRAD
40 Jahre danach
Wenn Nadine ins Manöver zieht...
Die Stadt, die niemals stirbt
PALÄSTINA
„Nun aber raus!"
Der Krieg der Getto-Kinder
Warten auf die Killer
Kodak

Peter Knapp, geboren 1931 in Bäretswil/Schweiz. Grafikstudium in Zürich und Paris. Knapp arbeitete ab 1955 für das Kaufhaus Lafayette in Paris. 1959 ging er als Layouter zu *Elle* und prägte das Gesicht der Zeitschrift in den Jahren bis 1966 und zwischen 1974 und 1977. Knapp entwarf auch Bühnenbilder. Seit 1983 ist er künstlerischer Direktor von *Femme* und *Décoration Internationale.* (S. 272)

Beate Knappe, geboren 1950 in Wülfrath. Nach ihrer Gesellenprüfung als Fotografin arbeitete sie als Assistentin für Mode- und Industriefotografen, in einer Werbeagentur und als Bildredakteurin der Berliner *Tageszeitung.* Seit 1983 freie Fotografin, seit 1986 im *Bildwort Pressebüro.* 1988 begann sie ein Fotografiestudium in Essen. 1985 erhielt Beate Knappe den ersten Preis der (Ost-)Berliner Internationalen Fototage. (S. 51)

Sebastian Knauer, geboren 1949 in Mannheim. Schon während des Volkswirtschaftsstudiums arbeitete Knauer als Journalist für Rundfunk und Tageszeitungen. Er ging 1976 für ein Jahr in die USA und arbeitete 1977 bis 1988 als politischer Redakteur beim *Stern.* Veröffentlichung: „Lieben wir die USA?" (Hamburg 1987). (S. 61)

Volker Krämer, geboren 1943 in Hilden/Rheinland, gelernter Verlagskaufmann. Als Fotograf Autodidakt. Von 1964 bis 1969 zunächst Volontär, dann Fotoreporter bei der *Rheinischen Post* in Düsseldorf. Seit 1969 beim *Stern.* Bekannt wurde er durch eine Reportage über den Einmarsch sowjetischer Truppen in die ČSSR. In letzter Zeit Mitarbeit an mehreren Büchern über Humor in der Fotografie. (S. 102, 103, 141)

Perry Kretz, Deutsch-Amerikaner, geboren 1933 in Köln. Als gelernter Schriftsetzer ging er 1950 nach Amerika. Dort besuchte er das Hunter College und belegte Kurse für Journalismus an der New York University. Während seines Studiums arbeitete Kretz für die *New York Post* und *Keystone.* 1954 trat er in die amerikanische Armee ein und wurde amerikanischer Staatsbürger. 1969 fing er als Fotoreporter beim *Stern* an. Kretz arbeitete hauptsächlich im Ausland, als Spezialist für brisante Berichterstattung aus Zentral- und Südamerika. Seine Reportagen über die „New York Street Gangs" wurde mit dem 3. Preis im „World Press Photo"-Wettbewerb ausgezeichnet, Buchveröffentlichung: „Nicaragua". (S. 218, 219)

Robert Lebeck, geboren 1929 in Berlin. Mit 15 Jahren Soldat, anschließend Gefangenschaft. 1948 begann Lebeck ein Studium der Völkerkunde in Zürich und New York. Von 1952 bis 1955 freier Fotograf für Heidelberger Zeitungen. Danach, bis 1960, war er Leiter des Redaktionsbüros der *Revue* in Frankfurt. 1960 Mitarbeiter der Illustrierten *Kristall* und seit 1966 Fotoreporter des *Stern.* 1977 bis 1979 war Lebeck zusammen mit Klaus Harpprecht Chefredakteur von *Geo,* danach wieder Fotoreporter beim *Stern.* 1962 erste große Einzelausstellung „Tokio, Moskau, Leopoldville" in Hamburg. 1983 Retrospektive: „Augenzeuge Robert Lebeck. 30 Jahre Zeitgeschichte". Mehrere Buchveröffentlichungen. (S. 24, 38, 39, 49, 76, 144, 156, 161, 173, 222, 223)

Till Leeser, geboren 1949. Studium an der Essener Folkwangschule bei den Professoren Steinert und Fleckhaus. Von 1977 bis 1979 arbeitete Leeser als freier Fotograf in Paris. Er war 1982 Mitbegründer der Agentur *Bilderberg* und arbeitet seit 1985 auch als Designer. (S. 198)

Peter Leibing, geboren 1941 in Hamburg. Leibing machte nach der Schule ein Volontariat bei *Conti Press.* Die Agentur schickte ihn am 14. August 1961, einen Tag nach dem Mauerbau, nach Berlin. Dort schoß er einen Tag später das berühmte Foto des fliehenden Volkspolizisten. 1962 fing Leibing beim *Hamburger Echo* an, wechselte danach zur *Morgenpost* und ist seit 1970 beim *Hamburger Abendblatt* in der Fotoredaktion. (S. 19, 26)

Peter Lindbergh, geboren 1944 in Lissa (heute: Lezno, Polen). Nach einer Ausbildung als Schaufenster-Dekorateur begann Lindbergh 1966 ein Studium der Malerei in Düsseldorf. Nach einer Zeit als freier Künstler wurde er 1976 Foto-Assistent. Mit seinen ersten Modefotos für den *Stern* 1978 gelang ihm der Durchbruch. Lindbergh ging nach Paris und arbeitet seitdem für *Marie Claire, Vogue* und Werbeagenturen. (S. 278)

Robert Mapplethorpe, geboren 1946 in New York. Mapplethorpe drehte in den sechziger Jahren Undergroundfilme und arbeitet seit 1970 als freier Fotograf. Er erhielt zahlreiche Preise und Auszeichnungen. 1988 wurde eine Gesamtschau seiner Bilder im New Yorker Whitney-Museum gezeigt. (S. 284)

Cornelius Meffert, geboren 1939 in Hildburghausen/Thüringen. Fotografenlehre im väterlichen Atelier. 1958 kam Meffert nach Hamburg und erhielt ein Stipendium an der Fotoschule. Danach arbeitete er als freier Fotograf. 1964 kam Meffert zum *Stern.* 1983 – ein Jugendtraum geht in Erfüllung – fährt er „auf den Spuren Mark Twains" mit einem Floß den Mississippi herunter. (S. 192)

Gideon Mendel, geboren 1959, lebt als Fotograf in Johannisburg/Südafrika. (S. 128)

Reinhold Messner, geboren 1944 in Brixen/Südtirol. Messner studierte Hoch- und Tiefbau und unterrichtete bis 1971 als Realschullehrer Mathematik. 1970 startete Messner zu seiner ersten Himalaya-Expedition, auf der sein Bruder Günther ums Leben kam. Seit 1971 zahlreiche Expeditionen. Vortragsreisen durch viele Länder. (S. 196, 197)

Klaus Meyer-Andersen, geboren 1942 in Hemmingen. Volontariat bei der *Neuen Ruhr Zeitung* in Essen. Als freier Fotoreporter anderthalb Jahre in Afrika und ein Jahr in Frankreich. Mitarbeiter von *Twen* und anderen Illustrierten. Seit 1977 beim *Stern.* Fotoausstellungen in der Pariser „Galerie des Beaux Arts", in München, Aachen und Dortmund. (S. 114, 115)

Mihaly Moldvay, geboren 1938 in Jugoslawien, lebt seit 1962 in der Bundesrepublik. Moldvay studierte Maschinenbau und besuchte anschließend die Hamburger Fotoschule. Erste Arbeiten für Tageszeitungen. Seit 19 Jahren gehört er zum Reporter-Team des *Stern.* 1984 erster Preis beim „World Press Photo"-Wettbewerb. (S. 55, 168)

David Montgomery, geboren 1937 in Brooklyn/New York. Montgomery, der seit 1965 in England lebt, begann als Modefotograf für *Queen* und arbeitete seitdem für die *Sunday Times,* für *Vogue, Esquire,* den *Rolling Stone,* die *New York Times.* (S. 87)

Charles Moore, geboren 1931 in Alabama/USA. Ausbildung am kalifornischen Brooks Institute of Photography. 1957 ging er zu einer Tageszeitung nach Montgomery und arbeitete dort als Fotograf bis 1962. Moore machte sich selbständig und wurde Mitglied der *Black-Star-Agentur.* Zahlreiche Reportagen über die Rassenunruhen im Süden, über den Vietnamkrieg, über Lateinamerika. Moore fotografierte für *Life* und veröffentlichte ein Buch über den Goldrausch, „The Motherlode". (S. 158, 159)

Stefan Moses, geboren 1928 in Liegnitz/Schlesien. Moses begann eine Fotolehre bei Grete Bodlée in Breslau und Erfurt. Er wurde Fotograf des Nationaltheaters in Weimar. 1950 übersiedelte Moses nach München und arbeitete für die *Neue Zeitung.* Von 1960 bis 1967 war er beim *Stern.* Zahlreiche Buchveröffentlichungen, darunter: „Transsibirische Eisenbahn" (München 1979) und „Deutsche" (München 1980). (S. 25, 36, 37)

Jürgen Müller-Schneck, geboren 1942 in Braunschweig. Nach einer Buch- und Tiefdruckerlehre ließ sich Müller-Schneck zum Grafiker ausbilden. Seit Mitte der sechziger Jahre fotografiert er – als Autodidakt. Erste Arbeiten waren die Objekte von Joseph Beuys. Von 1982—1984 war Müller-Schneck für den *Stern* in Lateinamerika, seitdem in Ost-Berlin. (S. 56)

Matthew Naythons ist Fotograf und Arzt. Er arbeitet seit über 10 Jahren für die Agentur *Gamma* und berichtete für *Time* von vielen Krisenherden. Seine Fotos erschienen in *Life, Geo, Paris Match, Newsweek* und im *Stern.* (S. 220)

Helmut Newton, geboren 1920 in Berlin. Newton absolvierte 1936 eine Lehre bei der Berliner Fotografin Yva. Nach mehrjährigem Aufenthalt in Singapur und Australien lebte und arbeitete er 25 Jahre in Paris und seit 1981 in Monte Carlo. In den sechziger und siebziger Jahren erschienen Fotos von ihm in *Elle, Marie Claire, Jardin des Modes, Playboy, Nova* und *Queen* sowie in *Stern* und *Life.* Veröffentlichungen u. a. „Porträts" und „Welt ohne Männer". Zahlreiche Ausstellungen. (S. 274, 276)

Lennart Nilsson, geboren 1922 in Strangnas/Schweden. Nilsson arbeitete zunächst als freier Pressefotograf in Stockholm. Danach spezialisierte er sich auf mikrobiologische und medizinische Fotografie. Bekannt wurde er durch die Entwicklung von speziellen Linsen, die ihm die Möglichkeit gaben, den menschlichen Fötus im Mutterleib zu fotografieren. Nach der Veröffentlichung dieser Fotos 1965 erhielt er zahlreiche Preise. 1983 erhielt Nilsson für seinen Dokumentarfilm „Die Legende des Lebens" den Emmy Award. Zuletzt erschien „Eine Reise in das Innere unseres Körpers" (Hamburg 1987). (S. 301)

Bernd Obermann, geboren 1954 in Oberhausen. 1971 begann er eine Lehre als Mode- und Werbefotograf in Essen. 1974 ging er nach Paris, anschließend nach New York als Assistent bei Modefotografen. Seitdem arbeitet er frei, erst für *Sipa Press,* seit 1984 häufig für den *Stern.* (S. 224)

Hilmar Pabel, geboren 1910 in Rawitsch/Schlesien. Pabel schloß sein Studium 1929 als Diplom-Fotograf an der Agfa-Fotoschule, Berlin, ab. Zunächst arbeitete er als freier Fotograf, um dann von 1935 bis 1940 als Kriegsberichterstatter für die *Neue Illustrierte Zeitung,* Berlin, tätig zu sein. Für das Rote Kreuz und den Rowohlt Verlag berichtete er von 1945 bis 1947 über Kinder, die im Krieg verschleppt worden waren. Danach arbeitete er bis 1960 für die *Quick* und bereiste Indochina, Japan, China, Formosa, Afrika, Rußland und Amerika. Von 1961 bis 1970 fotografierte Pabel für den *Stern.* Seitdem freiberuflich tätig. Er erhielt zahlreiche internationale Auszeichnungen. Einzelausstellungen u. a. in West-Berlin 1979 und 1980 im Essener Folkwangmuseum. (S. 102, 104, 112, 113)

Gilles Peress, geboren 1946. Er spezialisierte sich anfangs auf soziale Themen und fotografierte die Lebensumstände der Gastarbeiter. 1972 wurde Peress Mitglied von *Magnum* in Paris. Immer wieder dokumentierte er den Bürgerkrieg in Nordirland („An Eye For An Eye", Aperture 1985). Zahlreiche Ausstellungen und Auszeichnungen. (S. 124)

Herbert Peterhofen, geboren 1927 in Ratibor/Oberschlesien. Peterhofen fotografierte schon in der Schule und als Luftwaffenhelfer. Bis 1948 in sowjetischer Gefangenschaft. Nach dem Abitur in Jena ging er nach Düsseldorf und arbeitete zehn Jahre für die *Rheinischen Post,* ein Jahr für *dpa.* 1. Preis im „World Press Photo"-Wettbewerb 1961 in der Kategorie Sport mit dem Bild „Tor". Peterhofen ist seit 1964 beim *Stern.* (S. 34, 83, 189)

Christa Peters, geboren 1933 in Lübeck. Christa Peters besuchte die Fotoschule in Stuttgart und Berlin. Sie zog nach München und arbeitete mit Willy Fleckhaus für *Twen.* Längere Aufenthalte in Rio, New York, London. Seit 1966 hatte Christa Peters zusammen mit ihrem Mann Chad Hall ein eigenes Studio in London. Veröffentlichungen in *Vogue, Seventeen, Zoom, Nova, Spiegel* und *Stern.* Christa Peters, vielfach ausgezeichnet, starb 1981. (S. 275)

Rico Puhlmann, geboren 1934 in Berlin. Bis zu seinem 18. Lebensjahr als Kinderdarsteller in zahlreichen Rollen am Theater und im Film. 1952 begann Puhlmann das Studium der Grafik, Modegrafik und Kunstgeschichte in Berlin und arbeitete danach freiberuflich als Modegrafiker für *Constanze, Vogue, Burda.* Parallel begann er Mode zu fotografieren. 1970 zog er nach New York und wurde ständiger freier Mitarbeiter von *Harper's Bazaar, New York Times, Gentlemen's Quarterly* und *Glamour.* Puhlmann wirkte an Modesendungen fürs Fernsehen mit und drehte für den SFB „Apollonia – ein Fotomodell". (S. 269, 270)

Raghu Rai, geboren 1942. Rai, ausgebildeter Ingenieur, begann 1965 als Fotograf für die indische Tageszeitung *The Statesman.* 1977 wurde er Korrespondent von *Magnum* in New Delhi. Seit 1982 arbeitet er am Magazin *India Today* mit. Rais Fotos erschienen unter anderem in *Newsweek, Life, Paris Match, Geo* und *Stern.* (S. 228)

Gérard Rancinan, geboren 1953 in Talence/Frankreich. Rancinan ist Fotograf, Poet und Filmemacher. Er arbeitet seit 1980 für die Agentur *Gamma* in Paris. Zahlreiche Auszeichnungen im „World Press-Photo"-Wettbewerb. (S. 89)

Alon Reininger, geboren 1947 in Tel Aviv/Israel. Ausbildung in New York als Fotograf. Reininger arbeitete 1973 für *UPI* und berichtete über den ägyptisch-israelischen Krieg. 1974 und 1975 arbeitete er für *Gamma* in New York. Zahlreiche Reisen nach Mittelamerika, Südafrika, den Nahen Osten und China. In den letzten Jahren spezialisierte sich Reininger darauf, die Aids-Katastrophe zu dokumentieren. Dafür erhielt er zahlreiche Preise. Er ist einer der Gründungsmitglieder der Agentur *Contact Press Images* in New York. (S. 253, 312)

Co Rentmeester, geboren 1936 in Amsterdam. Nach einer Karriere als Olympia-Ruderer der holländischen Mannschaft ging Rentmeester in die USA und studierte in Los Angeles Fotografie. 1965 begann seine Arbeit für *Life.* Er ging drei Jahre nach Vietnam und wurde im „World Press Photo"-Wettbewerb ausgezeichnet. Weitere Auszeichnungen für Sportreportagen folgten. (S. 260)

Marc Riboud, geboren 1923 in Lyon/Frankreich. Riboud machte 1948 seinen Abschluß als Diplom-Ingenieur an der École Centrale, Lyon. Seit 1953 arbeitete er als freier Fotograf und Fotojournalist in Paris. Von 1953 bis 1979 war Riboud Mitglied von *Magnum,* u. a. als Vize-Präsident, als Präsident und Vorstandsmitglied. 1967 und 1970 gewann er den Overseas Press Club Award. Ausgestellt wurden seine Bilder u. a. 1981 in der Photographers' Gallery New York. (S. 107)

Chuck Rogers, geboren in Lake Wales, Florida. Sein erster großer Fotoauftrag war die Berichterstattung der US-Raumflüge von Cape Canaveral in den frühen sechziger Jahren. 1969 eröffnete Rogers sein eigenes Fotostudio in Atlanta. Sein 1979 aufgenommenes Foto eines Marathonläufers ging um die Welt. (S. 262)

Kyoichi Sawada fotografierte für die Agentur *UPI* in Vietnam. Er ist dort bei Kampfhandlungen umgekommen. (S. 108, 110)

Max Scheler, geboren 1928 in Köln. Scheler studierte Kunstgeschichte in München und Paris und arbeitete von 1951 bis 1954 als Fotograf in Paris, anschließend bis 1958 in Rom für *Magnum.* 1958/59 war er bei der *Münchner Illustrierten* und danach bis 1975 beim *Stern.* Scheler war zwei Jahre Assistent von Rolf Gillhausen beim *Stern,* von 1976 bis 1980 stellvertretender Chefredakteur von *Geo* und ist seitdem stellvertretender Chefredakteur von *Merian.* (S. 160, 162, 165, 187, 295)

Lawrence Schiller begann Anfang der sechziger Jahre als Bildjournalist für *Life, Time,* die *Saturday Evening Post, Paris Match* und den *Stern.* Anfang der siebziger Jahre drehte er Dokumentarfilme und war Regisseur vieler Emmy-prämierter Fernsehfilme. (S. 70)

Dorothea Schmid, geboren 1955 in Ulm. Sie studierte Fotografie an der Folkwangschule in Essen und arbeitet seit 1985 als freie Fotografin für den *Stern* und andere Zeitschriften. (S. 190, 310)

Harald Schmitt, geboren 1948 in Mayen. Schmitt machte nach dem Schulabschluß eine Lehre als Fotograf in Trier. Danach war er Laborant und Volontär bei der *Trierischen Landeszeitung,* später Sportfotograf bei einer kleinen Fotoagentur in München. Für die Agentur *Sven Simon* fotografierte er viele politische Großereignisse. Seit 1977 ist Schmitt beim *Stern,* und war u. a. fünf Jahre Korrespondent und Fotoreporter in der DDR. 1977 erhielt er den 1. Preis im „World Press Photo"-Wettbewerb für ein Porträt von Indira Ghandi. 1975 und 1988 jeweils dritte „World Press Photo"-Preise. (S. 42, 54, 83, 233)

Walter Schmitz, geboren 1946 in Bayreuth. Sohn einer Fotografin und Assistenz bei einem Werbe- und Modefotografen in München, anschließend Volontariat bei der Agentur *Sven Simon.* Seit 1974 Fotoreportagen für verschiedene Magazine als freier Fotograf. 1983 Mitbegründer der Fotoagentur *Bilderberg.* (S. 250, 251, 255)

Eberhard Seeliger, geboren 1914 in Berlin. Im Kriege fotografierte Seeliger das Elend der Materialschlachten in Rußland. 1948 kam er zum *Stern* – als erster Bildreporter des Blattes, für das er 34 Jahre arbeitete. Das Foto vom Vietnamkongreß 1968 in Berlin hielt er für eines seiner besten, Seeliger starb 1982. (S. 28, 32, 45, 66, 164, 238, 292, 294)

Hans W. Silvester, geboren 1938 in Lörrach. Nach einer Fotografenlehre machte sich Silvester selbständig und fotografierte hauptsächlich in der Camargue, im Nahen Osten und in Südamerika. Mitarbeit bei fast allen großen Zeitschriften. Viele seiner Reportagen, seit 1977 häufig für *Geo,* sind auch als Bücher erschienen. (S. 307, 310)

Sven Simon, geboren 1941, hieß mit bürgerlichem Namen Axel Springer jr. Er war Mitbegründer der Fotoagentur *Sven Simon.* 1972 schied er dort aus und wechselte in die Chefredaktion von *Welt* und *Welt am Sonntag.* Er starb 1980. (S. 241)

Lord Snowdon, geboren 1930 in London, mit bürgerlichem Namen Anthony Charles Robert Armstrong-Jones. Snowdon studierte Architektur in Cambridge. 1950/51 war er Assistent des Fotografen Baron in London. Seit 1951 arbeitet Snowdon als freier Fotograf u. a. für *Country Life, Vogue, Harper's Bazaar* und *Sunday Times.* Von 1953 bis 1960 unterhielt er ein Fotostudio in London und arbeitete seit 1962 als künstlerischer Berater für verschiedene Design-Zeitschriften und -Magazine. Seine Karriere startete Snowdon mit Aufnahmen von alten Menschen und behinderten Kindern, spezialisierte sich jedoch in den letzten Jahren immer mehr auf Künstler-Porträts. Er erhielt diverse internationale Auszeichnungen und produziert seit 1968 auch Filme. (S. 86)

Howard Sochurek, geboren 1924. Sochurek nahm am Zweiten Weltkrieg als Offizier einer Fotoeinheit im Pazifik teil. Er wurde 1946 Redakteur beim *Milwaukee Journal.* Von 1950 bis 1970 arbeitete er für *Life* und *Time* in Tokio, Singapur, Saigon, Paris, Moskau und New York. Seitdem ist Sochurek freier Fotograf und arbeitet häufig für das *National Geographic Magazine.* Seine Arbeiten sind oft ausgezeichnet worden. (S. 300)

Chris Steele-Perkins, geboren 1947 in Burma. Nach dem Studium der Psychologie an der Universität Newcastle-upon-Tyne arbeitete Steele-Perkins als freier Fotograf. Reisen nach Bangladesh, wo er für verschiedene Hilfsorganisationen tätig war. 1975 arbeitete er mit der Fotografengruppe *Exit* zusammen und wurde 1976 Mitglied der Pariser Agentur *Viva.* Seit 1979 arbeitet Steele-Perkins für *Magnum.* Zuletzt erschien von ihm „Beirut – the Frontline Story" (1983). (S. 313)

Helmut Stratmann, geboren 1936 auf Wangerooge. Stratmann ist gelernter Maurer und Tischler. Ausbildung als Ingenieur und Tätigkeit als Architekt. Seit 1970 fotografiert Stratmann vorwiegend natur- und landeskundliche Themen seiner Heimat. (S. 311)

Gene Sweeny jr., geboren 1954 in Minneapolis. Sweeny arbeitete zwischen 1976 und 1983 für Zeitungen in Minnesota und Florida. Seit 1983 ist er Fotograf der *Baltimore Sun.* (S. 248)

Allan Tannenbaum arbeitet seit 1965 als Fotograf und Kameramann. 1973 ging er zur New Yorker Wochenzeitung *SoHo News.* 1982 schloß er sich *Sygma* in New York an. Seine Fotos erschienen in *Time, Newsweek, Life, Rolling Stone* und *Paris Match.* (S. 80)

Peter Thomann, geboren 1940 in Berlin. Von 1960—1965 studierte er Bildjournalismus an der Folkwangschule in Essen bei Professor Otto Steinert und machte 1965 Examen. Während des Studiums wurde er 1963 für sein Bild „Stute mit Fohlen" im „World Press Photo"-Wettbewerb mit dem 1. Preis ausgezeichnet. 1964 erhielt er den 1. Preis in der Kategorie „Künstlerisches Pressephoto". 1965 gewann er den „Deutschen Jugendfotopreis" und 1982 bei „World Press Photo" den 3. Preis für seine Serie: „Berlin einst und heute". 1986 Kulturpreis der Stadt Emmendingen. Fotoausstellungen im In- und Ausland. Thomann ist seit zwanzig Jahren beim *Stern.* (S. 46, 58, 59, 188, 243, 245, 252)

George V. Tiedemann, geboren 1944 in Reykjavik/Island. Tiedemann war nach seiner Schulzeit in Neptune/New Jersey vier Jahre als Soldat in Vietnam. Zwischen 1969 und 1979 Fotograf für kleinere Zeitungen. Seit 1979 arbeitet er für *Sports Illustrated.* Er gewann zahlreiche Preise. (S. 245)

Tassilo Trost, geboren 1936 in Berlin. Nach dem Krieg wanderte Trost nach Südafrika aus, fuhr einige Jahre zur See und begann 1957 in London und Berlin ein Studium der Fotografie und Grafik. Ende der fünfziger Jahre ging er als Fotoassistent nach New York. Trost arbeitet seit 1961 als freier Fotograf in München, unter anderem für *Vogue, Geo, Playboy* und *Stern.* Als *Stern*-Buch erschien: „Die Insel", Hamburg 1978. (S. 82)

David Turnley, geboren in Indiana. Turnley arbeitet nach seinem Studium seit 1980 für die *Detroit Free Press*. Er war zwei Jahre in Südafrika und wurde November 1987 ausgewiesen. Seine Bilder erschienen in *Time, Newsweek, Life, National Geographic Magazine* und *Geo*. (S. 129)

Jay Ullal, geboren 1933 in Mangalore/Indien. Nach der Ausbildung als Kameramann an der Motion Picture Arts Academy in Bombay arbeitete Ullal von 1954 bis 1958 als Kameramann und Dokumentarfilmer u. a. für die indische Regierung. 1959 bis 1963 war er Fotoreporter für die *Times of India*. 1963 ging er nach Deutschland und trat 1964 als Fotograf in die Redaktion der *Constanze* ein. Seit 1970 ist Ullal Fotoreporter des *Stern* und berichtet hauptsächlich aus Krisengebieten. (S. 140, 149)

Huynh Cong Ut, geboren 1951 in der Nähe von Saigon. Ut arbeitete seit 1966 für *AP* in Saigon. 1975, eine Woche vor dem Einmarsch der Nord-Vietnamesen, verließ er das Land. Ut arbeitete bis 1977 im *AP*-Büro Tokio und seitdem in Los Angeles. Das Foto des fliehenden Mädchens wurde mit dem Pulitzer-Preis und dem ersten Preis im „World Press Photo"-Wettbewerb ausgezeichnet. (S. 108)

Wolfgang Volz, geboren 1948 in Tuttlingen. Nach dem Fotografiestudium an der Essener Folkwangschule erste Ausstellungen. Seine Fotos erschienen in *Spiegel, Zeit, Geo, Newsweek, Paris Match, Stern* und vielen anderen Zeitschriften. Seit 1972 enge Zusammenarbeit mit Christo. Zuletzt erschien: „Christo: Der Reichstag" (Frankfurt 1984). (S. 79)

Albert Watson, geboren 1942 in Edinburgh/Schottland. Ausbildung am Scotland Duncan of Jordanstone College of Art in Dundee und am Royal College of Art in London. Watsons Fotos erschienen in *Vogue, Time Magazine, Stern, Esquire* und *Interview Magazine*. (S. 281, 282, 285)

Bruce Weber, geboren 1946 in Greensburg/USA. Weber besuchte die Art & Film School der New Yorker Universität. Er arbeitet als freier Fotograf und veröffentlichte zuletzt 1986 „O Rio de Janeiro". Weber arbeitete auch als Filmregisseur: „Broken Noses" (1987) und „Let's Get Lost" (1988). (S. 91)

Kurt Will, geboren 1935 in Hannover. Will arbeitete von 1953 bis 1978 für den *Stern*. Seitdem ist er Leiter der Fotoredaktion der *Hamburger Morgenpost*. Sein bevorzugtes Thema sind die großen Stars von gestern. (S. 271)

Charles Paul Wilp, geboren 1932 in Witten. Wilp ist seit 1982 Professor an der Fachhochschule für Design in Aachen und seit 1987 an der Universität in Kassel. Bekannt wurde er durch zahlreiche Ausstellungen, wie zum Beispiel die 5. Documenta in Kassel. Er erhielt viele internationale Auszeichnungen. (S. 268)

Reinhart Wolf, geboren 1930 in Berlin. Wolf studierte Psychologie, Literatur- und Kunstgeschichte in den USA, Paris und Hamburg. 1956 legte er die Meisterprüfung an der „Bayerischen Staatslehranstalt für Photografie" ab und gründete ein eigenes Studio für Werbefotografie. 1979 fotografierte er die Wolkenkratzer von New York, 1981 und 1982 entstand im Auftrag des *Stern* auf zwei Reisen die Serie „Burgen in Spanien". Wolf erhielt für seine Arbeit zahlreiche Auszeichnungen und Preise. Neueste Veröffentlichungen: „Japan – Kultur des Essens" (1987), „Die Villen von Venetien" (1987). Sein Fotoband „New York" wurde ein Welterfolg. (S. 84)

Franco Zecchin, geboren 1953 in Mailand. Nach dem Studium der Nuklearphysik ging er 1974 nach Palermo. Seine Bekanntschaft mit Letizia Battaglia, der bekannten Mafia-Fotografin, brachte ihn zum Fotografieren. Er arbeitete als Fotoreporter für die Tageszeitung *L'Ora* in Palermo. Mitglied von *Magnum*. (S. 217)

Thomas Zimmermann, geboren 1943 in Köln. Zimmermann ist als Fotograf Autodidakt. Fotografierte zunächst Reisereportagen, heute auf Sportfotografie spezialisiert. (S. 244)

Bildquellenhinweise

Seite 12: Karl-Hugo Schmölz; 14: AP; 16: Ernst Grossar; 17 u.: Walter Sanders; 18: VFWD; 19: Peter Leibing/Conti Press; 20: Ernst Grossar; 21: Ernst Grossar; 22: Helmut Pierath; 23: Harry Weber; 24: Robert Lebeck; 25: Stefan Moses/Stern; 26: Peter Leibing/Conti Press; 27 u.: Ullstein Bilderdienst; 28: Eberhard Seeliger/Stern; 29: dpa; 30: Yousuf Karsh/Camera Press; 31: Dieter Heggemann/Stern; 32: Eberhard Seeliger/Stern; 33: Werner Bookelberg; 33 u.: Thomas Hesterberg; 34: Herbert Peterhofen/Stern; 36: Stefan Moses/Stern; 38: Robert Lebeck/Stern; 39 o.: Robert Lebeck/Stern; 39 u.: Jürgen Gebhardt/Stern; 40: Harald Nadolny; 41: CAF/Eupra; 42 o.: Harald Schmitt/Stern; 42 u.: Jürgen Gebhardt/Stern; 43: Tom Jacobi/Stern; 45: Eberhard Seeliger/Stern; 46: Peter Thomann/Stern; 47 o.: Thomas Höpker/Anne Hamann; 47 u.: Arne Hettrich; 48: Tobias Heldt; 49: Robert Lebeck/Stern; 50: Manfred Grohe; 51 o.: Beate Knappe; 51 u.: Werner Schilling/dpa; 52: Dirk Eisermann/argus; 53: Sven Creutzmann; 54 o.: Klaus Drinkwitz/Stern; 54 u.: Harald Schmitt/Stern; 55 o.:Steffen Hauser/Kontakt; 55 u.: Mihaly Moldvay/Stern; 56: Jürgen Müller-Schneck/Stern; 58: Peter Thomann/Stern; 60: Dieter Bauer/Stern; 61: Sebastian Knauer/Stern; 66: Eberhard Seeliger/Stern; 68: Thomas Höpker/Anne Hamann; 69 o.: Werner Bokelberg; 69 u.: Robert Capa/Magnum/Focus; 70: Lawrence Schiller; 71: Rapho/Focus; 72 u.: Rolf Gillhausen/Stern; 73: Ron Case/Keystone; 74: Thomas Höpker/Anne Hamann; 76: Robert Lebeck/Stern; 78: Robert Levin; 79: Wolfgang Volz/Bilderberg; 80: Alan Tannenbaum/Sygma/Pandis; 82: Tassilo Trost; 83 o.: Fotoagentur Sven Simon/Harald Schmitt; 83 u.: Herbert Peterhofen/Stern; 84: Reinhart Wolf; 86: Lord Snowdon/Camera Press; 87: David Montgomery/Sunday Times; 88 o.: The recorded picture company; 88 u.: Volker Hinz/Stern; 89: Gérard Rancinan/Sygma; 90: Tom Jacobi; 91 o.: Bruce Weber; 91 u.: Tom Jacobi; 92: Tom Jacobi; 98: Bert Hardy/BBC Hulton Picture Library; 99: Max Desfor/AP; 100: Rolf Gillhausen; 102 o.: Volker Krämer; 102 u.: Hilmar Pabel/Stern; 103: Volker Krämer; 104: Hilmar Pabel/Stern; 106: AP; 107: Marc Riboud/Magnum/Focus; 108 o.: Huynh Cong Ut/AP; 108 u.: Kyoichi Sawada/UPI; 109: Philip Jones Griffiths/Magnum/Focus; 110: Koyichi Sawada/UPI; 111: Eddie Adams/AP; 112—113: Hilmar Pabel/Stern; 114—115: Klaus Meyer-Andersen/Stern; 116: Fotoagentur Sven Simon/Volker Hinz; 118: Françoise Demulder/Gamma; 120: Micha Bar-Am/Magnum/Focus; 121: Yossi Roth/UPI/Bettmann; 122: Hanns-Jörg Anders/Stern; 124: Gilles Peress/Magnum/Focus; 125 o.: Ian Berry/Magnum/Focus; 125 u.: Sipa; 126: Press Associates; 128: Gideon Mendel; 129: David Turnley/Black Star; 130: Henry Bureau/Sygma; 136: Henri Cartier-Bresson/Magnum/Focus; 138: Rolf Gillhausen/Stern; 140: Jay Ullal/Stern; 141: Volker Krämer/Stern; 142: Jerry Irwin; 143: Eric J. Albrecht; 144: Robert Lebeck/Stern; 145: Jost Bösenberg; 146: Tom Jacobi/Stern; 147 o.: Thomas Hegenbart; 147 u.: Stephane Duroy/Rapho/Focus; 148 o.: Stephane Duroy/Rapho/Focus; 148 u.: Network/Focus; 149 o.: Stephane Duroy/Rapho/Focus; 149 u.: Jay Ullal/Stern; 150: Jean-Claude Francolon/Gamma; 156: Robert Lebeck/Stern; 158—159: Charles Moore/Black Star; 160 o.: Max Scheler/Stern; 160 u.: Bill Eppridge/Time Inc.; 161: Robert Lebeck/Stern; 162: Max Scheler/Stern; 164: Eberhard Seeliger/Stern; 165: Max Scheler/Stern; 166: Fred Ihrt/Stern; 168: Mihaly Moldvay/Stern; 169 o.: Keystone; 169 u.: Boris Jurschenko/AP; 170: Marc Bulka/Gamma; 172 o.: Gamma; 172 u.: Efe/AP; 173: Robert Lebeck/Stern; 174—175: Ron Edmonds/AP; 176: Sipa; 178: Arturo Mari/AP; 179: Gianni Giansanti/Sygma; 180: Lehtikuva; 186: Thomas Höpker/Anne Hamann; 187: Max Scheler/Stern; 188: Peter Thomann/Stern; 189: Herbert Peterhofen/Stern; 190: Dorothea Schmid; 191: Michael Friedel; 192: Cornelius Meffert/Stern; 194—195: Michael Friedel; 196—197: Reinhold Messner; 198 o.: Tim Graham/Sygma; 198 u.: Till Leeser/Bilderberg; 199: Michael MacIntyre/Hutchinson Library; 200: Dieter Blum; 202—203: Wilfried Bauer; 204: Thomas Höpker/Anne Hamann; 206 o.: Rainer Joedecke; 206 u.: Susanne Feyll; 207: Susanne Feyll; 212: Fred Ihrt/Stern; 214: ABC-Press; 215: Fred Ihrt/Stern; 216: Gamma; 217 o.: Franco Zecchin; 217 u.: Werner Ebeler/Stern; 218—219: Perry Kretz/Stern; 220: Matthew Naythons/Gamma; 222—223: Robert Lebeck/Stern; 224: Bernd Obermann; 226: Gamma; 227: Sipa; 228: Raghu Rai/Magnum/Focus; 229: dpa; 230: Frank Fournier/Contact/Focus; 232: Ben Motu; 233: Harald Schmitt/Stern; 238: Eberhard Seeliger/Stern; 240: Rolf Gillhausen/AP; 241: Fotoagentur Sven Simon/Axel Springer jr.; 242: Thomas Höpker/Anne Hamann; 243: Peter Thomann/Stern; 244 o.:Thomas Zimmermann; 244 u.: David Cannon/Allsport; 245 o.: George Tiedemann/Sports Illustrated; 245 u.: Peter Thomann/Stern; 246: Sebastian Giefer; 248 o.: Volker Hinz/Stern; 248 u.: Gene Sweeny jr./Baltimore Sun; 249: Bearne & Son; 250—251: Walter Schmitz/Bilderberg; 252: Peter Thomann/Stern; 253: Alon Reininger/Contact/Focus; 254 o.: Eamonn McCabe/The Observer; 254 m.: Aldo Tonnoir/ Laaste Neiuws; 254 u.: Alain Schroeder/Sipa; 255: Walter Schmitz/Bilderberg; 256: Jebb Harris; 258: Georg Gerster; 259: John Eastcott/Yva Momatiuk; 260: Co Rentmeester; 261: Eckhart Herfert; 262: Chuck Rogers; 268 o.: Paris Match; 268 u.: Charles Wilp; 269: Rico Puhlmann; 270: Rico Puhlmann; 271: Frank Horvat; 271 u.: Kurt Will; 272: Peter Knapp; 273: Werner Bokelberg; 274: Helmut Newton; 275: Christa Peters; 276: Helmut Newton; 278 o.: Art Kane; 278 u.: Peter Lindbergh; 279: Hans Feurer; 280 o.: Volker Hinz/Stern; 280 u.: Tom Jacobi/Stern; 281: Albert Watson; 282: Albert Watson; 284: Robert Mapplethorpe; 285: Albert Watson; 290: Sygma; 292: Eberhard Seeliger/Stern; 294: Eberhard Seeliger/Stern; 295 o.: Max Scheler/Chris Barnard Fund; 295 u.: Epoque Ltd.; 296—297: Nasa; 298 o.: Eso; 298 m./u.: Jet Propulsion Laboratories; 299: Nasa; 300 o.: Dieter Heggemann/Stern; 300 u.: Howard Sochurek; 301: Lennart Nilsson/Boehringer, Ingelheim; 302: Georg Fischer/Bilderberg; 304: Ben Gibson/The Observer; 305 o.: Chuck Fishman; 305 u.: Axel Carp/Stern; 306: Michael Friedel; 307: Hans W. Silvester/Rapho/Focus; 308 o.: Rudolf Barke/Harzfoto Barke; 308 u.: Axel Carp/Stern; 309: Hanns-Jörg Anders/Stern; 310 o.: Hans W. Silvester/Rapho/Focus; 310 u.: Dorothea Schmid; 311 o.: Sipa; 311 u.: Helmut Stratmann; 312: Alon Reininger/Contact/Focus; 313: Chris Steele-Perkins/Magnum/Focus.

Es war leider nicht möglich, bis zum Redaktionsschluß Daten aller Fotografen und die Urheber aller Fotos zu ermitteln. Allen anderen Agenturen und Fotografen Dank für ihre Unterstützung.